遇见语言世界里更好的自己！

普通话
有声语言训练教程

丁文山　主编

中国人民大学出版社
·北京·

前　言

或许有人会认为，有声语言不就是说话吗？何来艺术可言呢？

说话是有声语言，但有声语言可不仅仅是说话那么简单。

中国传媒大学 70 周年校庆前夕，我曾在这所全球汉语有声语言的最高学府与大家分享我对有声语言艺术的体会。我认为：

一名优秀的艺术工作者，他的艺术生涯大致可分为自给、精进和挥洒三个阶段。“挥洒”是艺术创作的最高层级。在“挥洒”阶段，艺术创作的共性和个性达到了融合和统一。有声语言表达若能达到这个层次，我们就可以酣畅淋漓地沉浸与体味它的艺术之美。

那么，我们该如何领略、欣赏和提升有声语言的艺术之美呢？

有声语言艺术力的提升是循序渐进的。很多语言的爱好者、学习者和职业人士往往容易忽略这一点，即：若要万丈高楼平地起，坚实的地基是非常重要的。大家一想到要提升语言，就想着要把楼建得更高一些、更华丽一些，却往往忽视了夯实语言的基础能力。

由简到繁、由繁到简的艺术规律同样适用于有声语言创作。在日常创作中遵循正确的方向和方法，让自己的艺术能力得到不断积累，并让其自然流露，就能达成上乘的创作效果。艺术创作的至高境界是“手中无剑，心中无剑”，让我们一起追寻。

这本《普通话有声语言训练教程》遵循由浅到深的原则，带着大家一步一步扎扎实实地筑起自己语言的大厦。大家会在不知不觉中发现，很多语言上的问题都会随着自己基础能力的提升，得到较为彻底的解决，而这些问题的解决，能够帮助我们更快更稳地迈上语言艺术的新台阶。热爱，会成为我们艺术创作源源不竭的动力。

我相信，大家只要心存热爱，按照书中指引，步步为营、稳扎稳打地学习和操练，定会遇见语言世界里更好的自己！

目　录

第一部分　说标准的普通话

第二部分　普通话水平测试

第三部分 说好听的普通话

音视频目录

说明：书中配有相关音频或视频教学资源，作品标题前有小喇叭图标的有示范音频，使用微信扫码即可收听收看。

第一部分　说标准的普通话

第二部分　普通话水平测试

第四部分　普通话有声语言综合训练

第一部分

说标准的普通话

第一章　普通话声母

第一节　什么是声母

声母是一个汉语音节起头的辅音，中国传统音韵学中叫“字头”。辅音的特点是时程短（除擦音外）、音势弱，很容易受到干扰。辅音发不好容易产生“吃字”现象，从而影响语音的清晰度和准确度。掌握好声母（辅音）的发音，可以使话语中每个音节的字头清楚有力，使整个音节完整清晰。

普通话中共有 21 个辅音声母：

b、p、m、f、d、t、n、l、g、k、h、j、q、x、zh、ch、sh、r、z、c、s。

第二节　声母的分类

普通话声母按发音部位进行分类，可分为七类，分别是双唇音、唇齿音、舌尖前音（也叫平舌音）、舌尖中音、舌尖后音（也叫翘舌音）、舌面音、舌根音。

普通话声母按发音方法进行分类，可分为五种，分别是塞音、擦音、塞擦音、鼻音、边音。

除此之外，还有清 / 浊与送气 / 不送气的区别。

大家可参阅发音器官示意图（图 1–1）来了解发音器官，参阅声母发音部位和发音方法简表（表 1–1）来了解声母的发音部位和发音方法。

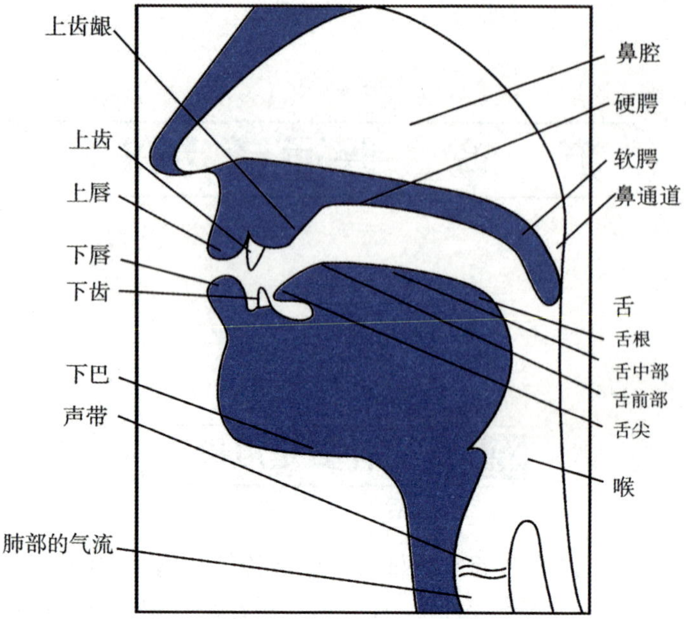

图 1–1　发音器官示意图

表 1–1　声母发音部位和发音方法简表

发音方法＼发音部位		双唇音	唇齿音	舌尖前音	舌尖中音	舌尖后音	舌面音	舌根音
		上唇 / 下唇	上齿 / 下唇	舌尖 / 齿背	舌尖 / 上齿龈	舌尖 / 硬腭前	舌面前 / 硬腭中	舌面后 / 软腭
塞音	不送气	b			d			g
塞音	送气	p			t			k
塞擦音	不送气			z		zh	j	
塞擦音	送气			c		ch	q	
擦音			f	s		sh r	x	h
鼻音		m			n			
边音					l			

第三节　声母的发音

一、声母的发音

声母发音过程有三个阶段：成阻、持阻、除阻。声母的发音部位不同，吐字时的着力点就不一样。

1. 双唇音 b、p、m

b

发音时，双唇闭合，软腭上升，堵住鼻腔通路，气流到达双唇后蓄气，突然松开双唇，积蓄在口腔中的气流爆破而出成音。发 b 时，透出的气流较微弱，声带不振动。

扫码观看

双唇音 b 发音视频教程

p

双唇活动与 b 的相同，只是除阻时透出的气流较强。

扫码观看

双唇音 p 发音视频教程

m

双唇闭合，软腭下垂，打开鼻腔通路；声带振动，气流在双唇受阻后，上升到鼻腔，气流从鼻腔透出成声。

扫码观看
双唇音 m 发音视频教程

b

发音例词：

步兵 bùbīng　　标本 biāoběn　　本部 běnbù

被捕 bèibǔ　　板报 bǎnbào　　辨别 biànbié

p

发音例词：

批评 pīpíng　　澎湃 péngpài　　乒乓 pīngpāng

批判 pīpàn　　偏旁 piānpáng　　拼盘 pīnpán

m

发音例词：

埋没 máimò　　麻木 mámù　　牧民 mùmín

面貌 miànmào　　米面 mǐmiàn　　明媚 míngmèi

2. 唇齿音 f

f

发音时，下唇接近上齿，形成窄缝，软腭上升，堵塞鼻腔通路，气流不振动声带，从唇齿间的窄缝摩擦通过而成声。

普通话语音中只有 f 一个唇齿音。发音时，上唇不要咬住下唇，否则成阻部位面积大，导致力量分散，影响音准。

扫码观看
唇齿音 f 发音视频教程

f

发音例词：

肺腑 fèifǔ	丰富 fēngfù	奋发 fènfā
仿佛 fǎngfú	非凡 fēifán	方法 fāngfǎ

3. 舌尖中音 d、t、n、l

d

发音时，舌尖抵住上齿龈，形成阻塞；软腭上升，堵塞鼻腔通路，积蓄在口腔中的气流冲破阻碍爆破成声。发 d 时，透出的气流较微弱，声带不振动。

扫码观看
舌尖中音 d 发音视频教程

t

舌尖活动与 d 的相同，只是除阻时透出的气流较强。

扫码观看
舌尖中音 t 发音视频教程

n

舌尖抵住上齿龈，形成阻塞，软腭下垂，打开鼻腔通路；声带振动，气流在口腔受到阻碍，上升到鼻腔，从鼻腔透出成声。发音时口形不能大开，上下唇稍离。

扫码观看
舌尖中音 n 发音视频教程

l

舌尖抵住上齿龈（实际比 d、t、n 稍后），软腭上升，堵塞鼻腔通路，声带振动；气流从舌前部的两边通过成声。

扫码观看

舌尖中音 l 发音视频教程

d

发音例词：

电灯 diàndēng	担当 dāndāng	带动 dàidòng
单调 dāndiào	导弹 dǎodàn	断定 duàndìng

t

发音例词：

团体 tuántǐ	贪图 tāntú	天坛 tiāntán
梯田 tītián	探听 tàntīng	体贴 tǐtiē

n

发音例词：

男女 nánnǚ	能耐 néngnai	恼怒 nǎonù
牛奶 niúnǎi	泥泞 nínìng	农奴 nóngnú

l

发音例词：

理论 lǐlùn	磊落 lěiluò	拉力 lālì
联络 liánluò	料理 liàolǐ	来临 láilín

4. 舌根音 g、k、h

舌根阻声母成阻部位靠后，音色偏暗，注意舌位有意识地前移，也就是“后音前发”，避免产生喉音或压喉现象。

g

舌面后部隆起，抵住硬腭和软腭交界处，形成阻塞，软腭上升，堵塞鼻腔通路；积蓄在口腔阻塞部位后的气流冲破阻塞爆破成声。发音时口微张，上下齿之间有较宽的距离，透出的气流较微弱，声带不振动。

扫码观看
舌根音 g 发音视频教程

k

舌根活动和口形与 g 的相同，只是透出的气流较强。

扫码观看
舌根音 k 发音视频教程

h

舌面后部隆起，接近硬腭和软腭的交界处，形成窄缝，软腭上升，堵塞鼻腔通路，气流从形成的窄缝中摩擦通过而成声，声带不振动。

扫码观看
舌根音 h 发音视频教程

g

发音例词：

规格 guīgé	光顾 guānggù	灌溉 guàngài
公告 gōnggào	改革 gǎigé	巩固 gǒnggù

k

发音例词：

慷慨 kāngkǎi	开垦 kāikěn	宽阔 kuānkuò

苛刻 kēkè　　可靠 kěkào　　空旷 kōngkuàng

h

发音例词：

黄河 huánghé　　航海 hánghǎi　　红花 hónghuā

好汉 hǎohàn　　缓和 huǎnhé　　黄昏 huánghūn

5. 舌面音 j、q、x

这组音最容易出现的问题是尖音（舌尖化）。发音时，不要让舌尖碰到牙齿或处于两齿之间，以防止尖音出现。

j

前舌面贴紧前硬腭，舌尖下垂，舌尖不可碰着上齿，软腭上升，堵塞鼻腔通路，然后突然把舌面放松一点儿，让积蓄在口腔阻塞部位后的气流从窄缝中微弱地透出成声，声带不振动。

扫码观看

舌面音 j 发音视频教程

q

舌面活动及口形与 j 的相同，只是从窄缝中透出的气流较强。

扫码观看

舌面音 q 发音视频教程

x

前舌面接近硬腭前部，形成窄缝，软腭上升，堵塞鼻腔通路，气流从形成的窄缝中摩擦通过而成声，声带不振动。发音时，舌尖下垂。

扫码观看
舌面音 x 发音视频教程

j

发音例词：

坚决 jiānjué	借鉴 jièjiàn	交接 jiāojiē
经济 jīngjì	进军 jìnjūn	紧急 jǐnjí

q

发音例词：

恰巧 qiàqiǎo	亲切 qīnqiè	请求 qǐngqiú
齐全 qíquán	乞求 qǐqiú	弃权 qìquán

x

发音例词：

习性 xíxìng	限行 xiànxíng	选修 xuǎnxiū
虚心 xūxīn	喜讯 xǐxùn	相信 xiāngxìn

6. 舌尖后音 zh、ch、sh、r

这组音也叫翘舌音。发这组音容易出现两个问题。一个是发得比较靠后。如果想解决这个问题，要着重练习舌尖上翘这个动作。另一个是发音偏前，接近舌尖前音（平舌音）的位置，即通常所说的“平翘舌不分”。发音时，应注意舌尖上翘，抵住硬腭前部。

zh

舌尖上翘，抵住硬腭前部，软腭上升，堵塞鼻腔通路，然后突然把舌尖放松一点儿，让积蓄在口腔阻塞部位后的气流从窄缝中微弱地透出成声。上下齿之间稍稍离开，声带不振动。

扫码观看
舌尖后音 zh 发音视频教程

ch

舌尖上翘，活动与 zh 的相同，只是从窄缝中透出的气流较强。

扫码观看

舌尖后音 ch 发音视频教程

sh

舌尖上翘，接近硬腭前部，形成窄缝，软腭上升，堵塞鼻腔通路，气流从窄缝中摩擦通过而成声。上下齿距离与 zh、ch 的相同，声带不振动。

扫码观看

舌尖后音 sh 发音视频教程

r

舌尖上翘，上下齿的距离以及气流从窄缝中透出的情况和 sh 的相同，但是要振动声带。

扫码观看

舌尖后音 r 发音视频教程

zh

发音例词：

执照 zhízhào	主张 zhǔzhāng	郑重 zhèngzhòng
政治 zhèngzhì	战争 zhànzhēng	种植 zhòngzhí

ch

发音例词：

长城 chángchéng　铲除 chǎnchú　抽查 chōuchá

车床 chēchuáng　超产 chāochǎn　穿插 chuānchā

sh

发音例词：

设施 shèshī　手术 shǒushù　绅士 shēnshì

事实 shìshí　生疏 shēngshū　双手 shuāngshǒu

r

发音例词：

荣辱 róngrǔ　软弱 ruǎnruò　闰日 rùnrì

柔软 róuruǎn　仍然 réngrán　容忍 róngrěn

7. 舌尖前音 z、c、s

z

舌尖前伸，抵住上齿背，软腭上升，堵塞鼻腔通路，然后突然把舌尖放松一点儿，气流从窄缝中微弱地透出成声。发音时上齿掩住下齿，舌尖下部也接近下齿背，声带不振动。

扫码观看
舌尖前音 z 发音视频教程

c

舌尖活动情况与 z 的相同，只是从窄缝中透出的气流较强。

扫码观看
舌尖前音 c 发音视频教程

s

舌尖前伸，与上齿背接近，形成窄缝，接近上门齿背，形成间隙，软腭上升，堵塞鼻腔通路，气流从窄缝中摩擦通过而成声。上下齿间的距离和 z、c 的相同，声带不振动。

扫码观看
舌尖前音 s 发音视频教程

z

发音例词：

栽赃 zāizāng	祖宗 zǔzong	走卒 zǒuzú
总则 zǒngzé	罪责 zuìzé	自尊 zìzūn

c

发音例词：

草丛 cǎocóng	苍翠 cāngcuì	层次 céngcì
从此 cóngcǐ	参差 cēncī	仓促 cāngcù

s

发音例词：

洒扫 sǎsǎo	诉讼 sùsòng	琐碎 suǒsuì
松散 sōngsǎn	思索 sīsuǒ	色素 sèsù

8. 零声母

普通话中有一些音节的开头部分没有辅音声母，这种音节的声母就叫零声母，这种音节称为零声母音节。如“爱（ài）”“欧（ōu）”“安（ān）”“衣（yī）”“乌（wū）”的声母都是零声母，这些音节都是零声母音节。

普通话零声母可以分为两类：一类是开口呼零声母，另一类是非开口呼零声母。

其中，以 a、o、e 开头的零声母音节连接在其他音节后面的时候，为防止音节的界限发生混淆，需用隔音符号（'）隔开，例如 pí'ǎo（皮袄）。i、u、ü 或以 i、u、ü 开头的零声母音节，为了避免连写时与前一音节界限混淆，需将开头的 i、u、ü 分别换成 y、w、yu，或者在 i 前加 y，在 u 前加 w。

发音例词：

额外 éwài	恩爱 ēn'ài	偶尔 ǒu'ěr
万物 wànwù	忘我 wàngwǒ	威望 wēiwàng
洋溢 yángyì	谣言 yáoyán	永远 yǒngyuǎn
踊跃 yǒngyuè	医药 yīyào	孕育 yùnyù

二、难辨声母对比训练

1. 送气音与不送气音的分辨

送气音	p	t	k	q	ch	c
不送气音	b	d	g	j	zh	z

送气、不送气是相对而言的，都是指发音时气流送出的状态。气流自然地流出的微弱且短的音是不送气音；用力喷出一口气的是送气音。

发送气音时要注意节制气流，以避免气流太强产生噪声，使话筒里传出“噗噗”的杂音。

（1）字词的对比练习

b—p	z—c	d—t	zh—ch	j—q	g—k
罢休—怕羞	棕榈—葱绿	读书—图书	争霸—称霸	监工—谦恭	歌谱—科普
鼻子—皮子	再世—菜市	兑换—退换	招式—超市	戒尺—切齿	米缸—米糠
发报—发炮	早稻—草稻	调动—跳动	展示—阐释	季度—气度	投稿—投考
步子—铺子	子弟—此地	胆子—毯子	张狂—猖狂	举目—曲目	刻骨—刻苦

（2）绕口令练习

葡萄皮儿

青葡萄，紫葡萄，青葡萄没紫葡萄紫。吃葡萄不吐葡萄皮儿，不吃葡萄倒吐葡萄皮儿。

2.f 与 h 的分辨

f 与 h 发音方法是一样的，都是清擦音。区别只在于受阻部位的不同，f 的受阻部位是下唇与上门齿，h 的受阻部位是舌根与软腭。

反复练习包含声母 f、h 的音节、绕口令，达到强化训练的目的，用来转换口音。

（1）字词的对比练习

f	斧头	公费	奋发	开发	泛化	废话
h	虎头	工会	混发	开花	幻化	会话

（2）绕口令练习

风吹灰飞

风吹灰飞，灰飞花上花堆灰。风吹花灰灰飞去，灰在风里灰飞灰。

3.n 与 l 的分辨

n 与 l 的发音部位是一样的，都是舌尖与上齿龈成阻，主要以发音方法来区分。

n 是鼻音，发音时关闭口腔气流通路，气流从鼻子里出来。

l 是边音，发音时舌尖抬起与上门齿齿龈后部接触，舌头的两边留有空隙，气流是从舌头两边出来的。

捏鼻法：堵住鼻孔，感觉鼻腔振动、发音困难的是鼻音，而鼻腔不振动、发音也不困难的是边音。

有的人会发 n、l，但受方言影响，分不清哪些音节该发 n、哪些音节该发 l，这就需要去记忆。

（1）字词的对比练习

n—l	哪里	脑力	奴隶	耐劳	
l—n	烂泥	连年	留念	冷暖	
n—l	女客—旅客	难住—拦住	留念—留恋	大娘—大梁	男女—褴褛

（2）绕口令练习

男旅客女旅客

男旅客穿着蓝上装，女旅客穿着呢大衣，男旅客扶着拎篮子的老大娘，女旅客搀着拿笼子的小男孩儿。

4. 舌面音 j、q、x 的分辨

舌面音 j、q、x 跟 i、ü 或以 i、ü 开头的韵母拼合，构成团音；舌尖前音 z、c、s 跟 i、ü 或以 i、ü 开头的韵母拼合，构成尖音。比如“尖、千、先”，本应读作 jian、qian、xian，若被读作 zian、cian、sian，这就是很明

显的尖音错误发音。把团音发成尖音，就是把舌面音发成了舌尖前音。要避免这个问题，可注意以下几点：

第一，先松下巴。尖音错误之所以出现，是因为发音的时候下巴通常都处于很紧张的状态；下巴越是紧张，尖音就会越明显。所以一定要放松下巴，这时舌头会自然平放在口腔中，舌尖会轻触下齿背，上下牙齿也会有一定的间隙。

第二，在上面的基础上连续发出“哩（li）——”的声音，体会发元音 i 时的舌位。

第三，保持发元音 i 时的状态，然后让气流从舌面与上腭之间通过。再发出不带元音 i 的“西——”声，这个声音是气流通过时与舌面和上腭的摩擦声，舌尖、牙齿均不可阻碍气流。若发的声音含“丝（si）”或“湿（shi）”的成分，就说明舌尖或牙齿对气流形成了阻碍，这就是不正确的了。

第四，在“西——”音结束时带出元音 i，发成“西— 医”（x—i），“i”是顺便带出，中途气流不断。不要有意地去发“i”音。

第五，在保持上述状态的基础上直接发出“xi——”音，这时就没有尖音成分了。“xi”发好了，再扩展练习 x 与其他 i、ü 起头的韵母相拼，熟练练习即可发音到位。

（1）字词的对比练习

j	嘉奖 健将 讲解 简洁	j—q	坚强 解劝 进取 就寝	q—x	抢先 前线 亲信 取消
q	亲切 轻巧 气球 秋千	j—x	交心 酒席 俊秀 迹象	x—j	消极 细节 先进 夏季
x	新鲜 雄心 相信 行销	q—j	清洁 奇迹 起居 巧计	x—q	稀奇 戏曲 向前 小桥

（2）绕口令练习

小七喜欢巧姬

小七喜欢巧姬，巧姬也喜欢小七，小七叫巧姬一起去驾校学习驾驶飞机，驾校却不教小七、巧姬学习驾驶飞机，小七、巧姬就请求驾校教他俩驾驶飞机，驾校坚决不教小七、巧姬驾驶飞机。

5. 舌尖前音 z、c、s 的分辨

舌尖前音 z、c、s 的发音问题主要是舌尖不“尖”，舌面前部（舌叶）与上齿龈接触面过大或过紧而产生噪声。

如果舌尖没有与上齿背成阻，而处于两齿中间，就是所谓的“大舌头”。

（1）字词的对比练习

z	最早 总则 造作 曾祖	z—c	杂草 早餐 遵从 座次	c—s	醋酸 蚕丝 厕所 粗俗
c	苍翠 草丛 寸草 从此	z—s	棕色 走私 阻塞 砸碎	s—z	塞子 散座 四则 色泽
s	思索 僧俗 搜索 琐碎	c—z	菜籽 嘈杂 存在 操作	s—c	私藏 松脆 色彩 酸菜

（2）绕口令练习

小四刺字

小四在刺字，四次刺“四”字，“四”字刺四次，四字都是“四”。

三哥三嫂子

三哥三嫂子，借给我三斗三升酸枣子，等我上山摘了三升三斗酸枣子，再奉还三哥三嫂子的三斗三升酸枣子。

6. 平舌音与翘舌音的分辨

平舌音和翘舌音两组声母发音方法相同，但发音部位不同。

正确掌握发音部位是区分这两组声母的关键。发平舌音时，舌尖平伸抵住或接近上齿背；发翘舌音时，舌尖上翘顶住硬腭前部。

（1）字词的对比练习

z—zh	c—ch	s—sh
自立—智力	仓皇—猖狂	三哥—山歌
栽花—摘花	藏身—长生	撒手—杀手
造势—肇事	凑齐—臭棋	四季—世纪
自尊—至尊	粗心—初心	散光—闪光
宗旨—终止	木材—木柴	私事—失事
赞歌—战歌	操场—超常	塞子—筛子

（2）交替对比练习

z—zh	组织	杂志	在职	赞助	ch—c	炒菜	冲刺	尺寸	成才
zh—z	振作	装载	种族	制造	s—sh	私事	散沙	宿舍	松树
c—ch	草虫	财产	擦车	操场	sh—s	神色	失散	深思	哨所

（3）绕口令练习

三山撑四水

三山撑四水，四水绕三山，三山四水春常在，四水三山四时春。

杂志社出杂志

杂志社，出杂志，杂志出在杂志社，有政治常识、历史常识、写作指导、诗词注释，还有那植树造林、治理沼泽、栽种花草、生产手册，种种杂志数十册。

7. 舌面音与翘舌音的分辨

有些方言将舌面音与翘舌音混淆。例如“知道（zhīdào）”说成“机道（jīdào）”，“好吃（hǎochī）”说成“好七（hǎoqī）”。

两者的发音部位不同。舌面音是舌面与硬腭成阻，翘舌音是舌尖与硬腭前部成阻。

（1）字词的对比练习

zh—j	ch—q	sh—x
文昭—文教 实战—实践 照会—教会	长调—强调 池子—棋子 传神—全神	诗人—昔人 湿气—吸气 柿子—戏子

（2）交替对比练习

j—zh	兼职	急诊	记者	假肢
q—ch	启程	球场	骑车	清澈
x—sh	显示	欣赏	协商	新生

8.r 与 l、r 与 i 的分辨

有些方言中也存在 r 与 l、r 与 i 混淆不清的现象。

要根据发音特点把这几个音区别开。r 与 l 是声母，r 是翘舌音，l 是边音，i 是韵母。

字词的对比练习

r—l	出入—出路	利润—立论	褥子—路子
r—i	吃肉—吃柚	人行—银行	承认—承印

三、声母综合训练

1. 声母诗

声母诗《采桑》共21个字，每个字代表一个声母。作者是我国著名语言学家、汉语拼音方案的主要制订者周有光先生。

采桑

春日起每早，采桑惊啼鸟。
风过扑鼻香，花开落，知多少。

2. 绕口令

（1）双唇音

八百标兵

八百标兵奔北坡，炮兵并排北边跑。炮兵怕把标兵碰，标兵怕碰炮兵炮。

炮兵和步兵

炮兵攻打八面坡，炮兵排排炮弹齐发射。步兵逼近八面坡，歼敌八千八百八十多。

（2）唇齿音

画凤凰

粉红墙上画凤凰，凤凰画在粉红墙。红凤凰，粉凤凰，红粉凤凰花凤凰。

（3）舌尖中音

打特盗

调到敌岛打特盗，特盗太刁投短刀。挡推顶打短刀掉，踏盗得刀盗打倒。

练一练，念一念

练一练，念一念，n、l要分辨。l是舌边音，n是鼻音要靠前。你来练，我来念，不怕累，不怕难，齐努力，攻难关。

（4）舌根音

哥哥捉鸽

哥哥过河捉个鸽，回家割鸽来请客，客人吃鸽称鸽肉，哥哥请客乐呵呵。

（5）舌面音

漆匠和锡匠

七巷一个漆匠，西巷一个锡匠，七巷漆匠偷了西巷锡匠的锡，西巷锡匠拿了七巷漆匠的漆，七巷漆匠气西巷锡匠偷了漆，西巷锡匠讥七巷漆匠拿了锡。请问锡匠和漆匠，谁拿谁的锡？谁偷谁的漆？

（6）舌尖后音（翘舌音）

学时事

史老师，讲时事，常学时事长知识。时事学习看报纸，报纸登的是时事，心里装着天下事。

晒人肉

日头热，晒人肉，晒得心里好难受。晒人肉，好难受，晒得头上直冒油。

（7）舌尖前音（平舌音）

字词丝

四十四个字和词，组成一首字词丝的绕口令。桃子、李子、梨子、栗子、橘子、柿子、槟子和榛子，栽满院子、村子和寨子。刀子、斧子、锯子、凿子、锤子、刨子、尺子，做出桌子、椅子和箱子。名词、动词、数词、量词、代词、副词、助词，连四音节词、诗词和唱词。蚕丝、生丝、熟丝、缫丝、晒丝、纺丝、织丝，自制粗丝、细丝、人造丝。

（8）f、h 的分辨

理发和理化

我们要学理化，他们要学理发。理化不是理发，理发也不是理化。理化理发要分清，学会理化却不会理发，学会理发却不会理化。

黄幌子和方幌子

老方扛着个黄幌子，老黄扛着个方幌子。老方要拿老黄的方幌子，老黄要拿老方的黄幌子。老黄老方不相让，方幌子碰破了黄幌子，黄幌子碰破了方幌子。

（9）n、l 的分辨

牛郎恋刘娘

牛郎恋刘娘，刘娘念牛郎，牛郎年年恋刘娘，刘娘年年念牛郎，郎恋娘来娘念郎。

蓝教练吕教练

蓝教练是女教练，吕教练是男教练。蓝教练不是男教练，吕教练不是女教练。

（10）平翘舌的分辨

撕字纸

刚往窗上糊字纸，你就隔着窗户撕字纸，一次撕下横字纸，一次撕下竖字纸。是字纸，你就撕字纸；不是字纸，不要胡乱地撕一地纸。

（11）舌面音与翘舌音的分辨

造纸张

造纸张，用纸浆，纸浆造纸出纸张。草纸浆，木纸浆，造出纸张有短长。长纸张，用纸浆；短纸张，用纸浆。张张纸张用纸浆。

（12）r 与 l 的分辨

老龙恼怒闹老农

老龙恼怒闹老农，老农恼怒扰老龙。农恼龙怒惹农怒，龙怒农怒农弄龙。

第二章　普通话韵母

第一节　什么是韵母

韵母是汉语音节中声母之后的部分。韵母由单元音或复合音充当。普通话中有 39 个韵母（见表 2–1）。

表 2–1　普通话韵母及例字

	i 闭地七益	u 布亩竹出	ü 女律局域
a 巴打铡法	ia 加佳瞎压	ua 瓜抓刷画	
e 哥社得合	ie 爹界别叶		üe 靴月略确
o 波魄抹佛		uo 多果若握	
ai 该太白麦		uai 怪坏帅外	
ei 杯飞黑贼		uei 对穗惠卫	
ao 包高茂勺	iao 标条交药		
ou 头周口肉	iou 牛秋九六		
an 半担甘暗	ian 边点减烟	uan 短川关碗	üan 捐全远
en 本分枕根	in 林巾心因	uen 吞寸昏问	ün 军训孕
ang 当方港航	iang 良江向样	uang 壮窗荒王	
eng 蓬灯能庚	ing 冰丁京杏	ueng 翁	
		ong 东龙冲公	iong 兄永穷
ê 欸			
–i(前) 资此思			
–i(后) 支赤湿日			
er 耳二			

第二节 韵母的分类

按语音结构进行分类，韵母可以分为三大类，即单韵母、复韵母和鼻韵母。

按汉语语音学的传统分析方法，根据韵母开头元音的唇形特点，可将韵母分为开口呼、齐齿呼、合口呼、撮口呼四类（见表 2–2）。“四呼”即指开、齐、合、撮四类韵母。

开口呼：韵母开头不是 i、u、ü 的韵母。舌尖元音 -i（前）（如 zi 中的 -i）和 -i（后）（如 zhi 中的 -i）也是开口呼韵母。

齐齿呼：韵母开头是 i 的韵母。

合口呼：韵母开头是 u 的韵母。

撮口呼：韵母开头是 ü 的韵母。

掌握好韵母（元音）的发音，可以让每个音节的字腹响亮饱满、字尾干净利落。

表 2–2 普通话韵母总表

按口形分 韵母	开口呼	齐齿呼	合口呼	撮口呼
单韵母	-i（前）、-i（后）	i	u	ü
	a			
	o			
	e			
	e			
	er			
复韵母	ai	ia	ua	üe
	ei	ie	uo	
	ao	iao	uai	
	ou	iou	uei	
鼻韵母	an	ian	uan	üan
	en	in	uen	ün
	ang	iang	uang	
	eng	ing	ueng	
			ong	iong

第三节　韵母的发音

一、单韵母

a

发音时，口大开，舌尖微离下齿背，舌面中部（偏后）微微隆起，舌位最低。发音时，注意口腔打开，气流通畅，下巴放松，避免舌位偏前或靠后。

扫码观看

单韵母 a 发音视频教程

发音例词：

大妈 dàmā	发达 fādá	砝码 fǎmǎ
拉萨 lāsà	沙发 shāfā	马达 mǎdá

o

发音时，口微开，上下唇收敛，略呈圆形，上下唇间距离约一食指宽。舌身后缩，舌面后部隆起，舌位半高。除"哦"等少数几个叹词外，韵母 o 很少自成音节。与辅音声母相拼，限于 b、p、m、f。

发音时要注意唇形。在东北方言中，o 这个音容易与 e 混淆，如"波（bō）、坡（pō）、摸（mō）"读成"bē、pē、mē"。

扫码观看

单韵母 o 发音视频教程

发音例词：

薄膜 bómó	磨破 mópò	泼墨 pōmò
默默 mòmò	伯伯 bóbo	婆婆 pópo

e

发音时，口半闭，唇不圆，嘴角向左右微展，上下唇间距离约一小指宽。舌身后缩，舌面后部稍隆起，舌位半高（实际舌位比 o 的略高一点）。

发 e 时，面部保持微笑状态，露出上下齿。保持这样的状态发出的 e 音较为圆润、明亮。

扫码观看
单韵母 e 发音视频教程

发音例词：

客车 kèchē	隔阂 géhé	色泽 sèzé
割舍 gēshě	隔热 gérè	合格 hégé

ê

发音时，口半开，唇不圆，上下门齿距离较远，大约相当于拇指的宽度。舌面的隆起点在前，舌尖抵住下齿背，舌位半低。

除叹词“欸”外，韵母 ê 很少自成音节，复韵母 ie、üe 中包含这个音素，在书写时省去上面的附加符号“^”。

i

发音时，唇形呈扁平状，上下门齿接近，舌尖下垂抵住下齿背，舌面的隆起点在前，舌位高。

i 是普通话中舌位最前、最高的元音。练习时，尽量打开口腔，舌位稍后些，这就是“窄元音宽发”。

扫码观看
单韵母 i 发音视频教程

发音例词：

笔记 bǐjì　　霹雳 pīlì　　体系 tǐxì

起义 qǐyì　　立即 lìjí　　袭击 xíjī

u

发音时，口微开，上下唇收敛呈圆形，略向前突出。舌面后部隆起，舌位高。发音时，声带振动，软腭上升，关闭鼻腔通路。

u 是普通话中舌位最后、最高的元音。

扫码观看

单韵母 u 发音视频教程

发音例词：

孤独 gūdú　　读书 dúshū　　腐竹 fǔzhú

补助 bǔzhù　　出路 chūlù　　粗鲁 cūlǔ

ü

ü 的舌位与 i 的相同。发音时，舌尖下垂抵住下齿背，舌面的隆起点在前，舌位高。所不同的是，i 不圆唇，而 ü 发音时两唇拢圆，略向前突。

扫码观看

单韵母 ü 发音视频教程

发音例词：

女婿 nǚxu　　区域 qūyù　　雨季 yǔjì

絮语 xùyǔ　　旅居 lǚjū　　序曲 xùqǔ

-i（前）

发音时，舌尖前伸，对着上齿背，舌尖和上齿背保持一定距离，不发生摩擦。把“思”字字音拉长，取其后半部没有摩擦的部分，就是这个音。在普通话里只能和 z、c、s 相拼，不能自成音节。

扫码观看

单韵母 -i（前）发音视频教程

发音例词：

字词 zìcí　　私自 sīzì　　此次 cǐcì

刺字 cìzì　　赐死 cìsǐ　　孜孜 zīzī

-i（后）

发音时，舌尖翘起，对着硬腭前部，舌尖和硬腭前部保持一定距离，不发生摩擦。把“知”字字音拉长，取其后半部没有摩擦的部分，就是这个音。在普通话里只能和 zh、ch、sh、r 相拼，不能自成音节。

扫码观看

单韵母 -i（后）发音视频教程

发音例词：

制止 zhìzhǐ　　指示 zhǐshì　　日志 rìzhì

史诗 shǐshī　　失事 shīshì　　知识 zhīshi

er

发音时，口腔自然打开，舌位不前不后、不高不低，舌面中央部分稍微隆起，舌身向后略缩，舌尖向后卷，接近硬腭前部（但不接触）。实际上，在发“央”的同时，舌尖轻巧地向硬腭一翘，即可发出 er 这个音。

当读数词“二”时读为 ar。

扫码观看

单韵母 er 发音视频教程

发音例词：

而今 érjīn　　儿女 érnǚ　　耳环 ěrhuán

耳目 ěrmù　　尔后 ěrhòu　　洱海 ěrhǎi

二、复韵母

复韵母是由两个或三个元音结合而成的韵母。这种复合元音并不是两个元音或三个元音的简单相加，而是一种新的固定的音组，应把它们作为单独的语音整体。

复韵母包括 ai、ei、ao、ou、ia、ie、iao、iou、ua、uo、uai、uei、üe，共 13 个。

复韵母有以下几个发音特点：

（1）发音时开口度、舌位、唇形有变化，这种舌位的移动过程叫“动程”。动程是一个滑动的渐变的过程，而不是跳动的。

（2）复韵母必须读成一个整体，中间不能间断。

（3）几个元音有主有次，其中开口度较大、响度较大、发音较清晰的那个元音叫主元音，又叫“韵腹”。主元音前后的元音发音轻、短、模糊，分别叫“韵头”“韵尾”。根据主元音的不同位置，鼻韵母可分为前响复韵母、后响复韵母、中响复韵母三种。

1. 前响复韵母

ai

发音时，由 a 开始，ai 中的 a 的舌位较单韵母 a 的靠前，舌位向 i 的方向滑动升高，到接近 i 时止，动程较宽。

扫码观看

复韵母 ai 发音视频教程

发音例词：

灾害 zāihài　　拍卖 pāimài　　海带 hǎidài

彩排 cǎipái　　开采 kāicǎi　　爱戴 àidài

ei

发音时，由 e 开始，舌位向 i 的方向滑动升高，到接近 i 时止，动程较窄。

ei 里的 e 是一个前半高不圆唇元音，舌位比 i 的低一点。它与单元音 e 并不是同一音位。

扫码观看

复韵母 ei 发音视频教程

发音例词：

肥美 féiměi	北非 běifēi	配备 pèibèi
妹妹 mèimei	蓓蕾 bèilěi	黑莓 hēiméi

ao

发音时，由 ɑ 开始，ao 中的 ɑ 舌位较单韵母 ɑ 的靠后，舌位向 u 的方向滑动升高，唇形逐渐收敛、拢圆，到接近 u 时止（不到 u，但要超过 o），动程宽。舌头后缩，舌面后部隆起。

扫码观看

复韵母 ao 发音视频教程

发音例词：

骚扰 sāorǎo	高考 gāokǎo	号召 hàozhào
高潮 gāocháo	报告 bàogào	逃跑 táopǎo

ou

发音时，起点元音 o 比单元音 o 的舌位略高、略前，唇形略圆。发音时，开头的元音 o 清晰响亮，舌位向 u 的方向滑动，u 的发音含混模糊，只表示舌位滑动的方向。

ou 是普通话复韵母中动程最窄的复合元音。

扫码观看
复韵母 ou 发音视频教程

发音例词：

口头 kǒutóu	漏斗 lòudǒu	抖擞 dǒusǒu
兜售 dōushòu	收购 shōugòu	走漏 zǒulòu

2. 后响复韵母

ia

发音时，从 i 开始，舌位滑向央低元音 a 时止，动程宽。i 的发音短暂，a 的发音较为响亮，时程也较长。

扫码观看
复韵母 ia 发音视频教程

发音例词：

下架 xiàjià	加压 jiāyā	加价 jiājià
压价 yājià	下牙 xiàyá	恰恰 qiàqià

ie

发音时，从 i 开始，舌位滑向前半低元音 ê 时止，动程较窄。ie 中的 e 在汉语拼音方案中记作 ê，一般用 e 来替代。

扫码观看
复韵母 ie 发音视频教程

发音例词：

姐姐 jiějie　乜斜 miēxie　谢谢 xièxie

结业 jiéyè　贴切 tiēqiè　铁鞋 tiěxié

ua

发音时，从 u 开始，舌位滑向央低元音 ɑ 时止，动程宽。唇形由最圆逐步展开到不圆。u 的发音短暂，ɑ 的发音较响亮。

扫码观看

复韵母 uɑ 发音视频教程

发音例词：

娃娃 wáwa　花袜 huāwà　挂花 guàhuā

耍滑 shuǎhuá　花滑 huāhuá　画画 huàhuà

uo

发音时，从 u 开始，舌位向下滑到后半高元音 o 时止。uo 的发音动程很窄，但有动程，口由合而稍开，有别于单元音 o。

扫码观看

复韵母 uo 发音视频教程

发音例词：

着落 zhuóluò　懦弱 nuòruò　蹉跎 cuōtuó

活捉 huózhuō　脱落 tuōluò　过错 guòcuò

üe

发音时，从 ü 开始，舌位下滑到前半低元音 ê 时止，动程较窄。üe 中的 e 与 ie 中的 e 属同一元音，在汉语拼音方案中记作 ê。

扫码观看
复韵母 üe 发音视频教程

发音例词：

月缺 yuèquē	雪月 xuěyuè	略略 lüèlüè
雀跃 quèyuè	约略 yuēlüè	绝学 juéxué

3. 中响复韵母

iao

ao 前面增加一段由 i 开始的发音动程。发音时，由 i 开始，舌位降至后低元音 a，唇形从中间的元音 a 开始由不圆唇变为圆唇。iao 的发音动程较宽，唇形、舌位的变化也较大。

扫码观看
复韵母 iao 发音视频教程

发音例词：

吊销 diàoxiāo	疗效 liáoxiào	苗条 miáotiao
调料 tiáoliào	逍遥 xiāoyáo	巧妙 qiǎomiào

iou

ou 前面增加一段由 i 开始的发音动程。发音时，由 i 开始，舌位向后、向低过渡，o 音后舌面向软腭升起，唇形收圆，韵尾 u 表示元音活动的方向。汉语拼音中写作 iu，但发音时不能省略 o。

扫码观看
复韵母 iou 发音视频教程

发音例词：

久留 jiǔliú　　求救 qiújiù　　绣球 xiùqiú

牛油 niúyóu　　悠久 yōujiǔ　　优秀 yōuxiù

uai

ai 前面增加一段由 u 开始的发音动程。发音时，由 u 开始，舌位向前滑降到前低元音 a，然后再向 i 的方向滑升。由于受到圆唇 u 音的影响，ai 里的 a 变得稍圆。

发音时，u 发得轻短，a 发得响亮，最后趋向 i 的部位。在整个发音过程中，唇形、舌位变化较大。

扫码观看

复韵母 uai 发音视频教程

发音例词：

乖乖 guāiguāi　　摔坏 shuāihuài　　外踝 wàihuái

外快 wàikuài　　怀揣 huáichuāi　　衰败 shuāibài

uei

ei 前面增加一段由 u 开始的发音动程。发音时，由 u 开始，舌位向前、向下滑到 e 的位置，然后再向 i 的方向滑升。发音过程中，舌位先降后升，由后到前。唇形从最圆开始，随着舌位的前移，渐变为不圆唇。

扫码观看

复韵母 uei 发音视频教程

在非零声母音节中，e 只处于由 u 到 i 的过渡中，所以在写法上省略 e，写作 ui。

发音例词：

荟萃 huìcuì	坠毁 zhuìhuǐ	推诿 tuīwěi
垂危 chuíwēi	归队 guīduì	悔罪 huǐzuì

三、鼻韵母

1. 前鼻音韵母

an

发音时，起点元音是前低不圆唇元音 ɑ，舌尖抵住下齿背，舌位降到最低，软腭上升，关闭鼻腔通路。口形由开到合，舌位移动较大。

鼻韵母音节在语流中由于受到前后音节协调发音的影响，往往会丢失鼻尾辅音而使主要元音鼻化。在练习阶段，必须归音到鼻辅音上。

扫码观看
鼻韵母 an 发音视频教程

发音例词：

参战 cānzhàn	反感 fǎngǎn	烂漫 lànmàn
谈判 tánpàn	坦然 tǎnrán	肝胆 gāndǎn

en

发音时，起点元音是央元音 e，舌位中性（不高不低、不前不后），舌尖接触下齿背，舌面隆起部位受韵尾影响略靠前。口形由开到闭，舌位移动较小。发音时，注意与后鼻音韵母 eng 的区别。

扫码观看
鼻韵母 en 发音视频教程

发音例词：

根本 gēnběn　　门诊 ménzhěn　　人参 rénshēn

认真 rènzhēn　　深沉 shēnchén　　振奋 zhènfèn

in

发音时，起点元音是前高不圆唇元音 i，舌尖抵住下齿背，软腭上升，关闭鼻腔通路。从舌位最高的前元音 i 开始，舌面升高，舌面前部抵住硬腭前部，当两者将要接触时，软腭下降，打开鼻腔通路，紧接着舌面前部与硬腭前部闭合，使在口腔中受到阻碍的气流从鼻腔透出。开口度几乎没有变化，舌位动程很窄。

扫码观看

鼻韵母 in 发音视频教程

发音例词：

近邻 jìnlín　　拼音 pīnyīn　　信心 xìnxīn

辛勤 xīnqín　　引进 yǐnjìn　　濒临 bīnlín

ün

发音时，起点元音是前高圆唇元音 ü。与 in 的发音过程基本相同，只是唇形变化不同。从圆唇的前元音 ü 开始，唇形从圆唇逐步展开，而 in 的唇形始终是展唇。

扫码观看

鼻韵母 ün 发音视频教程

发音例词：

军训 jūnxùn　　均匀 jūnyún　　循循 xúnxún

芸芸 yúnyún　　菌群 jūnqún　　逡巡 qūnxún

ian

在 an 前面增加一段由 i 开始的发音动程。实际发音时，a 处于比较靠前且较高的位置。

扫码观看
鼻韵母 ian 发音视频教程

发音例词：

前天 qiántiān　　浅显 qiǎnxiǎn　　年限 niánxiàn
渐变 jiànbiàn　　连篇 liánpiān　　艰险 jiānxiǎn

uan

在 an 前面增加一段由 u 开始的发音动程。发音时，由圆唇的后高元音 u 开始，口形迅速由合口变为开口状，舌位向前迅速滑降到不圆唇的前低元音 a（前 a）的位置就开始升高。

扫码观看
鼻韵母 uan 发音视频教程

发音例词：

婉转 wǎnzhuǎn　　专款 zhuānkuǎn　　转弯 zhuǎnwān
贯穿 guànchuān　　酸软 suānruǎn　　软缎 ruǎnduàn

üan

在 an 前面增加一段由 ü 开始的发音动程。发音时，a 的舌位比单发时偏高，ü 的舌位较高且靠前，唇形较圆。实际运用时，注意撮口圆唇。

扫码观看
鼻韵母 üan 发音视频教程

发音例词：

圆圈 yuánquān　　全员 quányuán　　源远 yuányuǎn
轩辕 xuānyuán　　源泉 yuánquán　　涓涓 juānjuān

uen

发音时，由圆唇的后高元音 u 开始，向央元音 e 的位置滑降，然后舌位升高。发 e 后，软腭下降，逐渐增强鼻音色彩，舌尖迅速移到上齿龈，最后抵住上齿龈做出发鼻音 n 的状态。唇形由圆唇向中间折点元音滑动的过程中渐变为展唇。

扫码观看
鼻韵母 uen 发音视频教程

在非零声母音节中，中间的 e 被省略，写作 un。

发音例词：

论文 lùnwén　　温顺 wēnshùn　　昆仑 kūnlún
谆谆 zhūnzhūn　　馄饨 húntun　　困顿 kùndùn

2. 后鼻音韵母

ang

由后低元音 a（后 a）开始发音，发音时，口大开，舌尖离开下齿背，舌头后缩。从后 a 开始，舌面后部抬起，当贴近软腭时，软腭下降，打开鼻腔通路，紧接着舌根与软腭接触，封闭了口腔通路，气流从鼻腔里透出。a 的口腔开度大于单发的 a。

扫码观看

鼻韵母 ang 发音视频教程

发音例词：

商场 shāngchǎng	上当 shàngdàng	厂房 chǎngfáng
苍茫 cāngmáng	肛肠 gāngcháng	帮忙 bāngmáng

eng

发音时，起点元音是央元音 e。从 e 开始，舌面后部抬起，贴向软腭。当两者将要接触时，软腭下降，打开鼻腔通路，紧接着舌面后部抵住软腭，使在口腔中受到阻碍的气流从鼻腔透出。

扫码观看

鼻韵母 eng 发音视频教程

发音例词：

承蒙 chéngméng	丰盛 fēngshèng	更正 gēngzhèng
萌生 méngshēng	声称 shēngchēng	征程 zhēngchéng

ing

由 i 开始发音，舌尖接触下齿背，舌面前部隆起。从 i 开始，舌面隆起部位不降低，一直后移，舌尖离开下齿背，逐步使舌面后部隆起，贴向软腭。当两者将要接触时，软腭下降，打开鼻腔通路，紧接着舌面后部抵住软腭，封闭口腔通路，气流从鼻腔透出。口形没有明显变化。注意与前鼻音 in 的区别。

扫码观看

鼻韵母 ing 发音视频教程

发音例词：

叮咛 dīngníng　　经营 jīngyíng　　命令 mìnglìng

刑警 xíngjǐng　　清净 qīngjìng　　评定 píngdìng

ong

发音时，起点元音接近 u，实际比 u 的舌位略低一点，舌尖离开下齿背，舌头后缩，舌面后部隆起，软腭上升，关闭鼻腔通路。唇形始终拢圆。

扫码观看

鼻韵母 ong 发音视频教程

注意 ong 与 ueng、eng 的区别。ong 不能自成音节，只能作为韵母，和辅音声母相拼。

发音例词：

通融 tōngróng　　恐龙 kǒnglóng　　从容 cóngróng

轰动 hōngdòng　　共通 gòngtōng　　隆重 lóngzhòng

iang

在 ang 前面增加一段由 i 开始的发音动程。受到 i 的影响，a 的唇形稍扁。

扫码观看

鼻韵母 iang 发音视频教程

发音例词：

洋相 yángxiàng　　响亮 xiǎngliàng　　踉跄 liàngqiàng

想象 xiǎngxiàng　　洋姜 yángjiāng　　两样 liǎngyàng

uang

在 ang 前面增加一段由 u 开始的发音动程。uang 的发音动程较宽，受到 u 的影响，a 的唇形较圆。

扫码观看
鼻韵母 uang 发音视频教程

发音例词：

狂妄 kuángwàng　双簧 shuānghuáng　状况 zhuàngkuàng
网状 wǎngzhuàng　装潢 zhuānghuáng　窗框 chuāngkuàng

ueng

在 eng 前面增加一段由 u 开始的发音动程。注意不要把 u 发成唇齿音。ueng 只能自成音节，而不和辅音声母相拼。

扫码观看
鼻韵母 ueng 发音视频教程

发音例词：

渔翁 yúwēng　水瓮 shuǐwèng

iong

在 ong 前面增加一段由 i 开始的发音动程。发音时，由于受后面圆唇元音 o 的影响，韵头 i 也带上了圆唇色彩，接近于 ü。与 j、q、x 组成音节时，注意在发音开始时就要撮口，否则会影响字音的清晰度。

扫码观看
鼻韵母 iong 发音视频教程

发音例词：

炯炯 jiǒngjiǒng　　汹涌 xiōngyǒng

四、难辨韵母对比训练

1.i 和 ü 的分辨

这两个音的舌位相同，不同之处在于唇形。发 i 时，唇形呈扁平状；发 ü 时，双唇收拢接近圆形。在语言表达中，有时语速过快，容易将撮口的 ü 音发成扁唇的 i 音，导致读音错误。要注意区分口形，多加练习。

（1）字词的对比练习

意见—遇见	容易—荣誉	比翼—比喻
季节—拒绝	经济—京剧	分期—分区

（2）绕口令练习

曲阜女小吕

曲阜女小吕，骑驴去演剧；路上遇大雨，穿上雨衣，拿起雨具，继续骑驴去演剧。

2. 前后鼻音韵母的分辨

前后鼻音韵母，特别是 en 与 eng、in 与 ing 混淆不清的现象普遍存在。

分清韵尾 n 和 ng 的发音部位是读准前、后鼻音韵母的关键。n 是舌尖音，舌尖抵住上齿龈；ng 是舌根音，舌根抵软腭。

前后鼻音韵母的发音在普通话语音训练中是个难点。常存在的问题主要有：鼻音韵母中元音发音含糊；元音到鼻辅音的发音缺乏一个动程，即语音的动态滑动过程；鼻辅音发音不到位。

先做前鼻音和后鼻音的辨音练习，能听清这两组音的不同，然后找准发音部位和发音方法，准确发音。

舌头前伸，放在上、下齿之间，先练习咬舌音，然后发 an 音。步骤是：张嘴，发音，结束时上、下齿轻轻咬住舌尖，an 便能发出。多次反复后，舌头便能抵住上齿背，发出正确的 an 音来。

还可以采用收尾音法。发前鼻音韵母时，收尾口形可以发出 d 音。练习时，可以在发前鼻音韵母之后发出一个 d 音，如果发得出，则说明发音位置正确。发后鼻音韵母时，收尾的口形可以发出 g 音。练习时可以在发后鼻音韵母之后发一个 g 音，如果发得出，也说明发音位置正确。

字词的对比练习

an—ang	en—eng	in—ing	uan—uang	uen(un)—ueng(或 ong)
烂漫—浪漫	陈旧—成就	亲生—轻生	机关—激光	存钱—从前
反问—访问	真理—争理	金质—精致	专车—装车	依存—依从
赞颂—葬送	申明—声明	人民—人名	心欢—心慌	春分—冲锋
开饭—开放	木盆—木棚	信服—幸福	关节—光洁	吞并—通病
担心—当心	清真—清蒸	频繁—平凡	串演—创演	轮子—笼子
弹词—搪瓷	瓜分—刮风	亲近—清静	奉还—凤凰	余温—渔翁

五、韵母综合训练

1. 韵母诗

普通话中有 39 个韵母，《现代汉语词典》中还列有一个 yo（唷或哟），这样一共 40 个韵母。我国著名语言学家、汉语拼音方案的主要制订者周有光先生编了一首五言八句的诗，叫《捕鱼歌》，其中每个字代表一个韵母。

捕鱼歌

人远江空夜，浪滑一舟轻。
儿咏欸唷调，橹和嗳啊声。
网罩波心月，竿穿水面云。
鱼虾留瓮内，快活四时春。

2. 绕口令

（1）单韵母

妈妈骂马

妈妈种麻，我去放马，马吃了麻，妈妈骂马。（a）

墨与馍

老伯伯卖墨，老婆婆卖馍。老婆婆卖馍买墨，老伯伯卖墨买馍。墨换馍老伯伯有馍，馍换墨老婆婆有墨。（o）

鹅和河

坡上立着一只鹅，坡下就是一条河。宽宽的河，肥肥的鹅，鹅要过河，河要渡鹅，不知是鹅过河，还是河渡鹅。（e）

七个阿姨来摘果儿

一二三四五六七，七六五四三二一。七个阿姨来摘果儿，七个花篮手中提。七个果子摆七样：苹果、桃儿、石榴、柿子、李子、栗子、梨。（i）

一匹布，一瓶醋

肩背一匹布，手提一瓶醋，走了一里路，看见一只兔，卸下布，放下醋，去捉兔。跑了兔，丢了布，洒了醋。（u）

村里新开一条渠

村里新开一条渠，弯弯曲曲上山去。河水雨水渠里流，满山庄稼一片绿。（ü）

要说“尔”专说“尔”

要说“尔”专说“尔”：马尔代夫，喀布尔；阿尔巴尼亚，扎伊尔；卡塔尔，尼泊尔；贝尔格莱德，安道尔；萨尔瓦多，伯尔尼；利伯维尔，班珠尔；厄瓜多尔，塞舌尔；哈密尔顿，尼日尔；圣彼埃尔，巴斯特尔；塞内加尔的达喀尔，阿尔及利亚的阿尔及尔。（er）

四是四，十是十

四是四，十是十，十四是十四，四十是四十，这是不同的数字。[i（前）和i（后）]

（2）复韵母

掰白菜

掰白菜，搬白菜，掰完白菜搬白菜，搬完白菜掰白菜。（ai）

肥混肥

黑肥混灰肥，灰肥混黑肥，黑肥混灰肥黑肥黑又灰，灰肥混黑肥灰肥

灰又黑。黑肥混灰肥，肥比黑肥黑；灰肥混黑肥，肥比黑肥灰。（ei）

姥姥和淘淘

姥姥疼淘淘，淘淘疼姥姥。姥姥疼淘淘，她喊淘淘叫“宝宝”；淘淘疼姥姥，他喊姥姥叫“脑脑”。（ao）

猴山

猴子山上上山猴，猴山山陡猴发愁。猴子发愁猴挠头，猴挠猴头愁山猴。（ou）

鸭与霞

水中映着彩霞，水面浮着花鸭。霞是五彩霞，鸭是麻花鸭。麻花鸭游进五彩霞，五彩霞网住麻花鸭。乐坏了鸭，拍碎了霞，分不清是鸭还是霞。（ia）

王婆夸瓜又夸花

王婆卖瓜又卖花，一边卖来一边夸，又夸花，又夸瓜，夸瓜大，大夸花，夸来夸去没人来理她。（ua）

菠萝和陀螺

坡上长菠萝，坡下玩陀螺。坡上掉菠萝，菠萝砸陀螺。砸破陀螺补陀螺，顶破菠萝剥菠萝。（uo）

瘸子和茄子

南面来了个瘸子，腰里别着个橛子。北边来了个矬子，肩上挑着担茄子。别橛子的瘸子要用橛子换挑茄子的矬子的茄子，挑茄子的矬子不给别橛子的瘸子茄子。别橛子的瘸子抽出腰里的橛子，打了挑茄子的矬子一橛子，挑茄子的矬子拿起茄子，打了别橛子的瘸子一茄子。（üe）

（3）鼻韵母

帆布黄

长江里船帆布黄，船舱里放着一张床。床上躺着两位老大娘，她俩亲

亲热热唠家常。（ang）

莲花灯

莲花灯，莲花灯，今天点完明天扔。（eng）

天上七颗星

天上七颗星，树上七只鹰，梁上七只钉，台上七盏灯。拿扇扇了灯，用手拔了钉，举枪打了鹰，乌云盖了星。（ing）

两只饭碗

红饭碗，黄饭碗，红饭碗盛满饭碗，黄饭碗盛半饭碗，黄饭碗添半饭碗，像红饭碗一样满饭碗。（an、ang）

张康

张康当董事长，詹丹当厂长。张康帮助詹丹，詹丹帮助张康。（an、ang）

天津和北京

天津和北京，津京很分明。津是前鼻音，京是后鼻音。（in、ing）

风吹藤动铜铃响

东洞庭，西洞庭。洞庭山上一条藤，藤条顶上挂铜铃。风吹藤动铜铃响，风停藤定铜铃静。（eng、ing、ong）

谁也不服管

苏州玄妙观，东西两判官。东判官姓潘，西判官姓管。管判官要管潘判官，潘判官要管管判官，闹得谁也不服管。（an、uan）

3. 古诗词（十三辙）

（1）发花辙：a、ia、ua

山行

杜牧

远上寒山石径斜，白云生处有人家。
停车坐爱枫林晚，霜叶红于二月花。

（2）梭波辙：o、e、uo

茶陵竹枝歌

李东阳

溪上春流乱石多，劝郎慎勿浪经过。
莫道茶陵水清浅，年来平地亦风波。

（3）乜斜辙：ê、ie、üe

村夜

白居易

霜草苍苍虫切切，村南村北行人绝。
独出前门望野田，月明荞麦花如雪。

（4）怀来辙：ai、uai

题菊花

黄巢

飒飒西风满院栽，蕊寒香冷蝶难来。
他年我若为青帝，报与桃花一处开。

（5）灰堆辙：ei、uei

春夜闻笛

李益

寒山吹笛唤春归，迁客相看泪满衣。
洞庭一夜无穷雁，不待天明尽北飞。

（6）遥条辙：ao、iao

春晓

孟浩然

春眠不觉晓，处处闻啼鸟。
夜来风雨声，花落知多少。

（7）由求辙：ou、iou（iu）

登鹳雀楼

王之涣

白日依山尽，黄河入海流。
欲穷千里目，更上一层楼。

（8）言前辙：an、ian、uan、üan

凉州词

王之涣

黄河远上白云间，一片孤城万仞山。
羌笛何须怨杨柳，春风不度玉门关。

（9）人辰辙：en、in、uen（un）、ün

送元二使安西

王维

渭城朝雨浥轻尘，客舍青青柳色新。
劝君更尽一杯酒，西出阳关无故人。

（10）江阳辙：ang、iang、uang

客中行

李白

兰陵美酒郁金香，玉碗盛来琥珀光。
但使主人能醉客，不知何处是他乡。

（11）中东辙：eng、ing、ong、iong、ueng

竹枝词

刘禹锡

杨柳青青江水平，闻郎江上唱歌声。
东边日出西边雨，道是无晴却有晴。

（12）姑苏辙：u

早春呈水部张十八员外

韩愈

天街小雨润如酥，草色遥看近却无。
最是一年春好处，绝胜烟柳满皇都。

（13）一七辙：i、ü、-i（前）、-i（后）

闻王昌龄左迁龙标遥有此寄

李白

杨花落尽子规啼，闻道龙标过五溪。
我寄愁心与明月，随风直到夜郎西。

第三章 声调

第一节 什么是声调

声调是指声音的高低升降的变化。在现代汉语语音学中，声调是指汉语音节中所固有的、可以区别意义的声音的高低和升降。但要注意，声调的音高是相对的，不是绝对的；声调的升降变化是滑动的，不像从一个音阶到另一个音阶那样跳跃式地移动。

普通话有四个声调：阴平、阳平、上声、去声。调值常采用五度标记法标记（见图 3–1）。

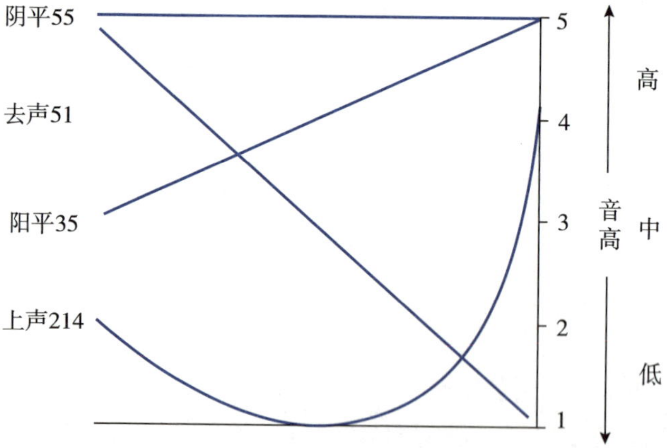

图 3–1 普通话调值示意图

普通话四声的区别如表 3–1 所示：

表 3–1 普通话调值调类表

调类（四声）	调值	调号	例字	调值说明
阴平	高平调 55	ˉ	巴 bā	起音高高一路平
阳平	中升调 35	ˊ	拔 bá	由中到高往上升
上声	降升调 214	ˇ	靶 bǎ	先降而后再扬起
去声	全降调 51	ˋ	爸 bà	从高到低最下层

第二节 声调发音

一、阴平

高平调，调值为 55。发音时声带绷到最紧（“最紧”是相对的），始终没有明显变化，保持音高。

发音例字：

因 yīn　　烟 yān　　播 bō　　腔 qiāng　　庚 gēng

江 jiāng　　山 shān　　西 xī　　工 gōng　　商 shāng

二、阳平

中升调，调值为 35。发音时，声带从不松不紧开始，逐渐绷紧，到最紧为止（“最紧”是相对的），声音由不低不高升到最高。

发音例字：

膜 mó　　床 chuáng　　别 bié　　扶 fú　　由 yóu

红 hóng　　旗 qí　　吉 jí　　祥 xiáng　　合 hé

三、上声

降声调，调值为 214。发音时，声带从略微有些紧张开始，立刻松弛下来，稍稍延长，然后迅速绷紧，但没有绷到最紧。发音过程中，声音主要表现在低音段 1～2 度，这成为上声的基本特征。上声的音长在普通话四个声调中是最长的。

发音例字：

爪 zhuǎ　　沼 zhǎo　　导 dǎo　　演 yǎn　　法 fǎ

总 zǒng　　理 lǐ　　海 hǎi　　普 pǔ　　酒 jiǔ

四、去声

全降调，调值为 51。发音时，声带从紧开始，到完全松弛为止。声音由高到低。去声的音长在普通话四个声调中是最短的。

发音例字：

册 cè	课 kè	慢 màn	众 zhòng	但 dàn
户 hù	跳 tiào	昊 hào	韵 yùn	话 huà

五、练习

我国方言区的大部分地区都有四个声调，其调值与普通话存在着较大的差异。要想掌握正确的声调，练习时可以用如下方法。

1. 对比练习

给出一组四声练习的词组，如：资源满地、中国伟大、花红柳绿、高朋满座。先用方言读，再用普通话读。切身体会方言与普通话在四声调值方面的对应关系。

2. 带音练习

带音法主要用来指导发第二声。第二声是学习声调的一个难点，主要是升不上去，只发出 42 的调值来。可以先发出一个第四声的音节，用第四声带出第二声。这是因为发第四声时声带完全放松，然后逐渐变紧，便发好第二声。

3. 利用头部动作

头部的自然摆动、抬头、低头与口发四声的结合也可以作为引导发四声的技巧。例如：目光平视，头部由左向右平行移动，口发第一声；头部由稍低向上扬，口发第二声；头部先向下，下巴贴近胸部，再慢慢向上扬，随口发出第三声；头部做向下斜摆，口发第四声。

利用手势比画。食指伸直，其余四指内握，食指比画的手势与口发声调的调型相结合。

第三节　声调综合训练

一、同声韵音节四声训练

本部分既练习声调，也练习声母、韵母的发音。我们要做到：四声调值准确，出字有力，叼住弹出；字腹饱满，拉开立起；字尾归音，趋向鲜明；声音连贯，气息控制自如。

双唇音

巴 bā　拔 bá　把 bǎ　罢 bà　坡 pō　婆 pó　叵 pǒ　破 pò　猫 māo　毛 máo　卯 mǎo　帽 mào

唇齿音

方 fāng　房 fáng　仿 fǎng　放 fàng

舌尖音

堤 dī　敌 dí　抵 dǐ　地 dì　通 tōng　同 tóng　桶 tǒng　痛 tòng　妞 niū　牛 niú　扭 niǔ　拗 niù　撩 liāo　聊 liáo　燎 liǎo　料 liào

舌根音

姑 gū　古 gǔ　顾 gù　科 kē　咳 ké　可 kě　客 kè　酣 hān　含 hán　喊 hǎn　汉 hàn

舌面音

居 jū　局 jú　举 jǔ　具 jù　亲 qīn　琴 qín　寝 qǐn　沁 qìn　乡 xiāng　祥 xiáng　想 xiǎng　象 xiàng

平舌音

嘬 zuō　昨 zuó　左 zuǒ　座 zuò　猜 cāi　才 cái　彩 cǎi　菜 cài　虽 suī　随 suí　髓 suǐ　岁 suì

翘舌音

之 zhī　值 zhí　止 zhǐ　智 zhì　撑 chēng　成 chéng　逞 chěng　秤 chèng　身 shēn　神 shén　沈 shěn　甚 shèn　如 rú　乳 rǔ　入 rù

开口音

掰 bāi　白 bái　摆 bǎi　败 bài　抛 pāo　袍 páo　跑 pǎo　泡 pào　飞 fēi　肥 féi　匪 fěi　费 fèi　瞜 lōu　楼 lóu　篓 lǒu　漏 lòu

齐齿音

家 jiā　夹 jiá　甲 jiǎ　架 jià　清 qīng　情 qíng　请 qǐng　庆 qìng　些 xiē　斜 xié　写 xiě　榭 xiè

合口音

窗 chuāng　床 chuáng　闯 chuǎng　创 chuàng　蛙 wā　娃 wá　瓦 wǎ　袜 wà　欢 huān　环 huán　缓 huǎn　换 huàn　乖 guāi　拐 guǎi　怪 guài

撮口音

薛 xuē　学 xué　雪 xuě　谑 xuè　赟 yūn　云 yún　允 yǔn　韵 yùn　圈 quān　全 quán　犬 quǎn　券 quàn

二、双音节词语声调训练

这一练习，必须注意在正常的声调调值变化中气息的小幅运动。在朗读词语时，每个词语读两遍。第一遍可以稍夸张，第二遍接近于正常说话速度和状态。请注意音节连接时的变调问题。

阴阴

播音　丰收　东升　公安　深山

阴阳

新闻　鲜明　编辑　资源　坚决

阴上

三角　军警　昆曲　称许　低语

阴去

播送　规范　通讯　音乐　庄重

阳阴

革新　农村　国歌　年轻　联播

阳阳

人民　辽宁　全权　联营　石油

阳上

勤俭　存款　读者　房产　黄海

阳去

前进　评论　悬念　持续　文件

上阴

采编　浦东　减轻　领班　美工

上阳

朗读	解决	主持	敏捷	指南

上上

选举	永远	展览	享有	领导

上去

理论	组建	简讯	企盼	写作

去阴

下乡	办公	望京	录音	印刷

去阳

内容	措辞	富民	配合	自然

去上

剧本	问好	上海	特写	外语

去去

报告	复制	纪念	路线	政策

三、四音节词语声调训练

阴平—阳平—上声—去声

风调雨顺	三皇五帝	精神百倍	风云雨露

去声—上声—阳平—阴平

万里晴空	碧草如茵	寿比南山	妙手回春

四、上声训练

阴上

出版	积累	欣喜	基本	高涨

阳上

成品	雄伟	调整	绝响	言语

上上

勉强	采访	了解	小满	小雨

去上

进取	奋勇	率领	谅解	上海

上阴

采风	理光	手枪	把关	马靴

上阳

选民	早熟	找寻	演员	鼓楼

上上

表演	偶尔	咫尺	扭转	险阻

上去

解放	悔恨	耸峙	改善	软件

五、四声混合训练

b

百炼成钢	波澜壮阔	暴风骤雨	壁垒森严

p

排山倒海	喷薄欲出	鹏程万里	普天同庆

m

满园春色	名不虚传	满腔热情	目不转睛

f

发愤图强	翻江倒海	丰功伟绩	赴汤蹈火

d

大快人心	当机立断	颠扑不破	斗志昂扬

t

谈笑风生	滔滔不绝	天衣无缝	推陈出新

n

鸟语花香	逆水行舟	能者多劳	宁死不屈

l

老当益壮	雷厉风行	力挽狂澜	龙飞凤舞

g

盖世无双	高瞻远瞩	攻无不克	光彩夺目

k

开卷有益	慷慨激昂	克敌制胜	快马加鞭

h

豪言壮语	和风细雨	横扫千军	呼风唤雨

j

艰苦奋斗	锦绣河山	继往开来	举世无双

q

千军万马	气壮山河	晴天霹雳	群威群胆

x

喜笑颜开	响彻云霄	心潮澎湃	栩栩如生

zh

辗转反侧	朝气蓬勃	咫尺天涯	专心致志

ch

超群绝伦	称心如意	赤子之心	出奇制胜

sh

山水相连	舍生忘死	深情厚谊	生龙活虎

r

饶有风趣	人才辈出	日新月异	如火如荼

z

赞不绝口	责无旁贷	再接再厉	自知之明

c

沧海一粟	层出不穷	灿烂光明	从容就义

s

三思而行	所向披靡	四海为家	肃然起敬

六、声调综合训练

1. 阴平练习

望庐山瀑布

李白

日照香炉生紫烟，遥看瀑布挂前川。
飞流直下三千尺，疑是银河落九天。

2. 阳平练习

黄鹤楼送孟浩然之广陵

李白

故人西辞黄鹤楼，烟花三月下扬州。
孤帆远影碧空尽，唯见长江天际流。

3. 上声练习

春晓

孟浩然

春眠不觉晓，处处闻啼鸟。
夜来风雨声，花落知多少。

4. 去声练习

如梦令·元旦

毛泽东

宁化、清流、归化，路隘林深苔滑。
今日向何方，直指武夷山下。
山下山下，风展红旗如画。

四声歌

学好声韵辨四声，阴阳上去要分明。
部位方法要找准，开齐合撮属口形。
双唇班报碧百波，舌尖当地豆点丁。
舌根高狗坑耕故，舌面积结教尖精。
翘舌主争真知照，平舌资则早在增。
擦音发翻飞分复，送气查柴产彻称。
合口呼午枯胡古，开口河坡歌安争。
撮口虚学寻徐剧，齐齿衣优摇业英。
前鼻恩因烟弯稳，后鼻昂迎中拥生。
咬紧字头归字尾，阴阳上去记变声，
循序渐进坚持练，不难达到纯和清。

第四章　语流音变

在语流中，由于受到相邻音节的相邻音素的影响，一些音节中的声母、韵母或声调会发生语音的变化，这就是语流音变。

普通话中最典型的语流音变是变调、轻声、儿化和语气词“啊”的变化。

第一节　变调训练

一、上声变调

上声音节变调规律如下：

（1）上声音节单念或处在双音节、句子的末尾时不变，仍读本调。

（2）上声在非上声之前（即在阴平、阳平、去声前），丢掉后半段“14”上升的尾巴，其调值 214 变为半上声 211。例如：

上声 + 阴平

始终　　老师　　北京　　广播　　统一　　普通

上声 + 阳平

朗读　　改革　　普及　　解决　　祖国　　旅行

上声 + 去声

稿件　　主义　　伟大　　理论　　感谢　　土地

上声 + 轻声

祖宗　　尾巴　　点心　　爽快　　老婆　　奶奶

（3）两个上声相连，前一个上声的调值由 214 变为接近 35（即阳平）。例如：

品种　可以　岛屿　古老　感慨　想起

（4）三个上声相连，当音节的结构是“双单格”时，开头、中间的上声音节调值变为 35，跟阳平的调值一样。例如：

手写 / 体　展览 / 馆　管理 / 组　选举 / 法　洗脸 / 水　水彩 / 笔

当音节的结构是“单双格”，开头音节处于被强调的逻辑重音时，读“半上”，调值为 211；中间音节按两字组变调规律变为 35。例如：

党 / 小组　撒 / 火种　冷 / 处理　耍 / 笔杆　小 / 两口　纸 / 老虎

二、“一”的变调

“一”的变调规律如下：

（1）单念、在词尾或是在词语前表序数时，一律不变调。例如：

一　第一　一楼　合二为一　百里挑一

（2）在去声前，“一”变为阳平，调值为 35。例如：

一半　一旦　一定　一道

（3）在阴平、阳平、上声前，即在非去声前变去声，调值为 51。例如：

一生　一挥　一群　一同　一举　一首

（4）夹在重叠词中间时念成轻声。例如：

看一看　听一听　学一学　想一想　试一试

综合练习如下：

一篙一橹一渔舟

一（yì）篙一（yì）橹一（yì）渔舟，一（yí）个艄公一（yí）钓钩。

一（yì）拍一（yì）呼还一（yí）笑，一（yì）人独占一（yì）江秋。

三、“不”的变调

“不”的变调规律如下：

（1）单用或处于词句末尾的时候，不变调，念本调去声 51。例如：

不　我不　绝不　偏不

（2）在去声音节前念阳平。例如：

不必　不变　不要

（3）夹在双音节中间时念轻声。例如：

好不好　　看不清　　打不开　　冷不防

句段练习如下：

不（bù）读书，不（bù）学习，不（bú）会有知识。不（bù）勤奋，不（bú）刻苦，不（bú）会有功名。不（bù）勤劳，不（bù）辛苦，不（bú）会有财富。不（bù）吃苦，不（bù）拼搏，不（bú）会有幸福。不（bù）知则问，不（bú）会有疑惑。不（bù）懂则学，不（bù）愁学不（bú）会。

四、形容词重叠形式的变调训练

（1）AA 儿式形容词的变调规律：

单音节形容词重叠后儿化，一般用在句子中表达某种期望、祈使或要求，第二个音节往往要变为阴平，即调值为 55。例如：

好好儿　　饱饱儿　　慢慢儿　　早早儿　　远远儿

（2）ABB 式形容词的变调规律：

ABB 式形容词的叠音后缀，有的会产生变调，重叠的后缀变为阴平，即调值变成 55。例如：

沉甸甸　　黑黝黝　　绿油油　　亮堂堂

（3）AABB 式形容词的变调规律：

双音节形容词重叠后，第二个音节变为轻声，第三、四个音节多半读 55 调值。例如：

认认真真　　明明白白　　马马虎虎　　稳稳当当　　老老实实

第二节　轻声训练

一、什么是轻声

普通话的每个音节都有它的声调，可是在句子里有些音节常常失去了原有的声调，而念成较轻较短的调子，叫作轻声。轻声是一种特殊的变调现象。

所有的轻声音节发音都变得轻而短，但并非音高都相同，轻声音节在音高上的差别往往取决于前一个音节声调的高低：

阴平＋轻声，例如：

他的　　桌子　　先生　　休息　　玻璃　　姑娘

阳平＋轻声，例如：

红的　　房子　　婆婆　　泥鳅　　粮食　　萝卜

上声＋轻声，例如：

我的　　斧子　　姐姐　　喇叭　　老实　　脊梁

去声＋轻声，例如：

坏的　　扇子　　弟弟　　丈夫　　意思　　困难

二、轻声的作用

普通话中的轻声往往有区别词性和词义的作用。例如：

（1）请听电影《地道战》的录音剪辑。

地道：dìdào，地下坑道（名词）

他学的湖南话还挺地道呢。

地道：dìdao，真正的、纯粹（形容词）

（2）湖南民歌《浏阳河》的歌词大意是……

大意：dàyì，主要的意思（名词）

你可千万别大意了。

大意：dàyi，粗心、疏忽（形容词）

因此，我们应当特别注意有些必须读成轻声的音节，以免造成音节义不清。有些轻声音节虽然不区别词义，但在普通话中也应该读轻声，否则会影响语言的流畅和语气的变化。

三、轻声的发音规律

1. 在非上声后

轻声在非上声（阴平、阳平、去声）后，读短促的低降调，调值为31。例如：

粮食　　活泼　　豆腐　　困难　　漂亮　　吓唬

玻璃　　秧歌　　姑娘　　家伙　　头发　　棉花

2. 在上声后

轻声在上声后，读短促的半高平调，调值为44。例如：

指甲　耳朵　体面　首饰
喇叭　老实　使唤　脊梁

四、轻声音节出现的规律

1. 助词和语气词

助词“的、地、得、着、了、过”和语气词“吧、吗、啊、呢”等读轻声。例如：

你的　说着　看过　跑了　是吗　人呢　高兴地　好得很

2. 名词后缀

名词后缀（虚语素）“子、头”及表示多数的“们”读轻声。例如：

桌子　馒头　我们　同学们

3. 名词后的方位词

名词后表方位的语素或词读轻声。例如：

桌上　家里　树上　墙下

4. 表示趋向的词

表示趋向的动词、方位词或语素读轻声。例如：

回来　下去　过来　看起来

5. 重叠式双音节词

重叠式名词、动词、形容词的末一音节轻读。例如：

爸爸　哥哥　看看　听听

6. 一些双音节单纯词

一些双音节单纯词的第二个音节习惯上读轻声。例如：

模糊　葡萄　吩咐　喇叭　篱笆　打算
机灵　家伙　见识　街坊　结实　戒指

五、综合训练

1. 绕口令

天上日头

天上日头，嘴里舌头，地上石头，桌上纸头，手掌指头，大腿骨头，小脚趾头，树上枝头，集上市头。

小铁头

小铁头，小柱头，学习英雄有劲头。放学后，抬砖头，跑了东头跑西头。抬砖头，几筐头，送到猪场砌墙头。墙头高，过人头，乐得他俩直点头。人人夸："小哥俩，集体装在心里头。"

2. 句段练习

有一个姑娘，长得漂亮，皮肤娇嫩，身材苗条，出落得像牡丹。她聪明又活泼，漂亮又乖巧。一个有月亮的晚上，姑娘到亲戚家玩，认识了一位洒脱、有出息的男人。他眼睛近视，戴着一副眼镜，长得白净，看上去斯文、有学问。姑娘喜欢上了他，眯缝着眼睛，上下打量了一番，还扭捏着卖弄脸蛋儿。谁知那男的很不自在，也不搭理她。姑娘着急了，想了个主意，等那男的走后，打听了他的名字和他的情况，才知道他是正经的男人，说话随和，经济宽绰，但有点儿做作，喜欢穿花哨的衣服。姑娘还知道这男的有个要好的朋友，正好是自己的街坊。

附录 1　普通话水平测试用必读轻声词语表

说明：

（1）本表根据《普通话水平测试用必读轻声词语表》编制。

（2）本表供普通话水平测试第二项——读多音节词语（100 个音节）——测试使用。

（3）本表共收词 551 条（其中"子"尾词 206 条）。

（4）本表遵照《汉语拼音正词法基本规则》（GB/T16159—2012）的标调规则，必读轻声音节不标调号。

A

爱人 àiren	案子 ànzi		

B

巴结 bājie	巴掌 bāzhang	把子 bǎzi	把子 bàzi
爸爸 bàba	白净 báijing	班子 bānzi	板子 bǎnzi
帮手 bāngshou	梆子 bāngzi	膀子 bǎngzi	棒槌 bàngchui
棒子 bàngzi	包袱 bāofu	包子 bāozi	豹子 bàozi
杯子 bēizi	被子 bèizi	本事 běnshi	本子 běnzi
鼻子 bízi	比方 bǐfang	鞭子 biānzi	扁担 biǎndan
辫子 biànzi	别扭 bièniu	饼子 bǐngzi	脖子 bózi
簸箕 bòji	补丁 bǔding	不由得 bùyóude	不在乎 búzàihu
步子 bùzi	部分 bùfen		

C

财主 cáizhu	裁缝 cáifeng	苍蝇 cāngying	差事 chāishi
柴火 cháihuo	肠子 chángzi	厂子 chǎngzi	场子 chǎngzi
车子 chēzi	称呼 chēnghu	池子 chízi	尺子 chǐzi
虫子 chóngzi	绸子 chóuzi	除了 chúle	锄头 chútou
畜生 chùsheng	窗户 chuānghu	窗子 chuāngzi	锤子 chuízi
刺猬 cìwei	凑合 còuhe	村子 cūnzi	

D

耷拉 dāla	答应 dāying	打扮 dǎban	打点 dǎdian
打发 dǎfa	打量 dǎliang	打算 dǎsuan	打听 dǎting
大方 dàfang	大爷 dàye	大夫 dàifu	带子 dàizi
袋子 dàizi	单子 dānzi	耽搁 dānge	耽误 dānwu
胆子 dǎnzi	担子 dànzi	刀子 dāozi	道士 dàoshi
稻子 dàozi	灯笼 dēnglong	凳子 dèngzi	提防 dīfang
笛子 dízi	底子 dǐzi	地道 dìdao	地方 dìfang
弟弟 dìdi	弟兄 dìxiong	点心 diǎnxin	调子 diàozi
钉子 dīngzi	东家 dōngjia	东西 dōngxi	动静 dòngjing
动弹 dòngtan	豆腐 dòufu	豆子 dòuzi	嘟囔 dūnang
肚子 dǔzi	肚子 dùzi	缎子 duànzi	队伍 duìwu
对付 duìfu	对头 duìtou	多么 duōme	哆嗦 duōsuo

E

蛾子 ézi　儿子 érzi　耳朵 ěrduo

F

贩子 fànzi　房子 fángzi　废物 fèiwu　份子 fènzi
风筝 fēngzheng　疯子 fēngzi　福气 fúqi　斧子 fǔzi
富余 fùyu

G

盖子 gàizi　甘蔗 gānzhe　杆子 gānzi　杆子 gǎnzi
干事 gànshi　杠子 gàngzi　高粱 gāoliang　膏药 gāoyao
稿子 gǎozi　告诉 gàosu　疙瘩 gēda　哥哥 gēge
胳膊 gēbo　鸽子 gēzi　格子 gézi　个子 gèzi
根子 gēnzi　跟头 gēntou　工夫 gōngfu　弓子 gōngzi
公公 gōnggong　功夫 gōngfu　钩子 gōuzi　姑姑 gūgu
姑娘 gūniang　谷子 gǔzi　骨头 gǔtou　故事 gùshi
寡妇 guǎfu　褂子 guàzi　怪物 guàiwu　关系 guānxi
官司 guānsi　罐头 guàntou　罐子 guànzi　规矩 guīju
闺女 guīnü　鬼子 guǐzi　柜子 guìzi　棍子 gùnzi
锅子 guōzi　果子 guǒzi

H

哈欠 hāqian　蛤蟆 háma　孩子 háizi　含糊 hánhu
汉子 hànzi　行当 hángdang　合同 hétong　和尚 héshang
核桃 hétao　盒子 hézi　红火 hónghuo　猴子 hóuzi
后头 hòutou　厚道 hòudao　狐狸 húli　胡萝卜 húluóbo
胡琴 húqin　糊涂 hútu　护士 hùshi　皇上 huángshang
幌子 huǎngzi　活泼 huópo　火候 huǒhou　伙计 huǒji

J

机灵 jīling　脊梁 jǐliang　记号 jìhao　记性 jìxing
夹子 jiāzi　家伙 jiāhuo　架势 jiàshi　架子 jiàzi
嫁妆 jiàzhuang　尖子 jiānzi　茧子 jiǎnzi　剪子 jiǎnzi
见识 jiànshi　毽子 jiànzi　将就 jiāngjiu　交情 jiāoqing
饺子 jiǎozi　叫唤 jiàohuan　轿子 jiàozi　结实 jiēshi

街坊 jiēfang　　姐夫 jiěfu　　姐姐 jiějie　　戒指 jièzhi
金子 jīnzi　　精神 jīngshen　　镜子 jìngzi　　橘子 júzi
句子 jùzi　　卷子 juànzi

K

开通 kāitong　　靠得住 kàodezhù　　咳嗽 késou　　客气 kèqi
空子 kòngzi　　口袋 kǒudai　　口子 kǒuzi　　扣子 kòuzi
窟窿 kūlong　　裤子 kùzi　　快活 kuàihuo　　筷子 kuàizi
框子 kuàngzi　　阔气 kuòqi

L

拉扯 lāche　　喇叭 lǎba　　喇嘛 lǎma　　篮子 lánzi
懒得 lǎnde　　浪头 làngtou　　老婆 lǎopo　　老实 lǎoshi
老太太 lǎotàitai　　老头子 lǎotóuzi　　老爷 lǎoye　　老子 lǎozi
姥姥 lǎolao　　累赘 léizhui　　篱笆 líba　　里头 lǐtou
力气 lìqi　　厉害 lìhai　　利落 lìluo　　利索 lìsuo
例子 lìzi　　栗子 lìzi　　痢疾 lìji　　连累 liánlei
帘子 liánzi　　凉快 liángkuai　　粮食 liángshi　　两口子 liǎngkǒuzi
料子 liàozi　　林子 línzi　　翎子 língzi　　领子 lǐngzi
溜达 liūda　　聋子 lóngzi　　笼子 lóngzi　　炉子 lúzi
路子 lùzi　　轮子 lúnzi　　萝卜 luóbo　　骡子 luózi
骆驼 luòtuo

M

妈妈 māma　　麻烦 máfan　　麻利 máli　　麻子 mázi
马虎 mǎhu　　码头 mǎtou　　买卖 mǎimai　　麦子 màizi
馒头 mántou　　忙活 mánghuo　　冒失 màoshi　　帽子 màozi
眉毛 méimao　　媒人 méiren　　妹妹 mèimei　　门道 méndao
眯缝 mīfeng　　迷糊 míhu　　面子 miànzi　　苗条 miáotiao
苗头 miáotou　　名堂 míngtang　　名字 míngzi　　明白 míngbai
模糊 móhu　　蘑菇 mógu　　木匠 mùjiang　　木头 mùtou

N

那么 nàme　　奶奶 nǎinai　　难为 nánwei　　脑袋 nǎodai
脑子 nǎozi　　能耐 néngnai　　你们 nǐmen　　念叨 niàndao

念头 niàntou	娘家 niángjia	镊子 nièzi	奴才 núcai
女婿 nǚxu	暖和 nuǎnhuo	疟疾 nüèji	

P

拍子 pāizi	牌楼 páilou	牌子 páizi	盘算 pánsuan
盘子 pánzi	胖子 pàngzi	狍子 páozi	盆子 pénzi
朋友 péngyou	棚子 péngzi	脾气 píqi	皮子 pízi
痞子 pǐzi	屁股 pìgu	片子 piānzi	便宜 piányi
骗子 piànzi	票子 piàozi	漂亮 piàoliang	瓶子 píngzi
婆家 pójia	婆婆 pópo	铺盖 pūgai	

Q

欺负 qīfu	旗子 qízi	前头 qiántou	钳子 qiánzi
茄子 qiézi	亲戚 qīnqi	勤快 qínkuai	清楚 qīngchu
亲家 qìngjia	曲子 qǔzi	圈子 quānzi	拳头 quántou
裙子 qúnzi			

R

热闹 rènnao	人家 rénjia	人们 rénmen	认识 rènshi
日子 rìzi	褥子 rùzi		

S

塞子 sāizi	嗓子 sǎngzi	嫂子 sǎozi	扫帚 sàozhou
沙子 shāzi	傻子 shǎzi	扇子 shànzi	商量 shāngliang
晌午 shǎngwu	上司 shàngsi	上头 shàngtou	烧饼 shāobing
勺子 sháozi	少爷 shàoye	哨子 shàozi	舌头 shétou
身子 shēnzi	什么 shénme	婶子 shěnzi	生意 shēngyi
牲口 shēngkou	绳子 shéngzi	师父 shīfu	师傅 shīfu
虱子 shīzi	狮子 shīzi	石匠 shíjiang	石榴 shíliu
石头 shítou	时候 shíhou	实在 shízai	拾掇 shíduo
使唤 shǐhuan	世故 shìgu	似的 shìde	事情 shìqing
柿子 shìzi	收成 shōucheng	收拾 shōushi	首饰 shǒushi
叔叔 shūshu	梳子 shūzi	舒服 shūfu	舒坦 shūtan
疏忽 shūhu	爽快 shuǎngkuai	思量 sīliang	算计 suànji
岁数 suìshu	孙子 sūnzi		

T

他们 tāmen 它们 tāmen 她们 tāmen 台子 táizi
太太 tàitai 摊子 tānzi 坛子 tánzi 毯子 tǎnzi
桃子 táozi 特务 tèwu 梯子 tīzi 蹄子 tízi
挑剔 tiāoti 挑子 tiāozi 条子 tiáozi 跳蚤 tiàozao
铁匠 tiějiang 亭子 tíngzi 头发 tóufa 头子 tóuzi
兔子 tùzi 妥当 tuǒdang 唾沫 tuòmo

W

挖苦 wāku 娃娃 wáwa 袜子 wàzi 晚上 wǎnshang
尾巴 wěiba 委屈 wěiqu 为了 wèile 位置 wèizhi
位子 wèizi 蚊子 wénzi 稳当 wěndang 我们 wǒmen
屋子 wūzi

X

稀罕 xīhan 席子 xízi 媳妇 xífu 喜欢 xǐhuan
瞎子 xiāzi 匣子 xiázi 下巴 xiàba 吓唬 xiàhu
先生 xiānsheng 乡下 xiāngxia 箱子 xiāngzi 相声 xiàngsheng
消息 xiāoxi 小伙子 xiǎohuǒzi 小气 xiǎoqi 小子 xiǎozi
笑话 xiàohua 谢谢 xièxie 心思 xīnsi 星星 xīngxing
猩猩 xīngxing 行李 xíngli 性子 xìngzi 兄弟 xiōngdi
休息 xiūxi 秀才 xiùcai 秀气 xiùqi 袖子 xiùzi
靴子 xuēzi 学生 xuésheng 学问 xuéwen

Y

丫头 yātou 鸭子 yāzi 衙门 yámen 哑巴 yǎba
胭脂 yānzhi 烟筒 yāntong 眼睛 yǎnjing 燕子 yànzi
秧歌 yāngge 养活 yǎnghuo 样子 yàngzi 吆喝 yāohe
妖精 yāojing 钥匙 yàoshi 椰子 yēzi 爷爷 yéye
叶子 yèzi 一辈子 yībèizi 衣服 yīfu 衣裳 yīshang
椅子 yǐzi 意思 yìsi 银子 yínzi 影子 yǐngzi
应酬 yìngchou 柚子 yòuzi 冤枉 yuānwang 院子 yuànzi
月饼 yuèbing 月亮 yuèliang 云彩 yúncai 运气 yùnqi

Z

在乎 zàihu	咱们 zánmen	早上 zǎoshang	怎么 zěnme
扎实 zhāshi	眨巴 zhǎba	栅栏 zhàlan	宅子 zháizi
寨子 zhàizi	张罗 zhāngluo	丈夫 zhàngfu	帐篷 zhàngpeng
丈人 zhàngren	帐子 zhàngzi	招呼 zhāohu	招牌 zhāopai
折腾 zhēteng	这个 zhège	这么 zhème	枕头 zhěntou
芝麻 zhīma	知识 zhīshi	侄子 zhízi	指甲 zhǐjia(zhījia)
指头 zhǐtou(zhítou)		种子 zhǒngzi	珠子 zhūzi
竹子 zhúzi	主意 zhǔyi(zhúyi)	主子 zhǔzi	柱子 zhùzi
爪子 zhuǎzi	转悠 zhuànyou	庄稼 zhuāngjia	庄子 zhuāngzi
壮实 zhuàngshi	状元 zhuàngyuan	锥子 zhuīzi	桌子 zhuōzi
字号 zìhao	自在 zìzai	粽子 zòngzi	祖宗 zǔzong
嘴巴 zuǐba	作坊 zuōfang	琢磨 zuómo	做作 zuòzuo

第三节　儿化

一、什么是儿化

儿化是普通话和某些方言中的一种语音现象，即后缀“儿”字不自成音节，而同前面的音节合在一起，使前一音节的韵母成为卷舌韵母。例如，“点儿”不是发成两个音节 dianer，而是发成一个音节 diar。

二、儿化的作用

“儿化”在普通话里起着修辞和表示语法功能的积极作用。

1. 表示喜爱、亲切的情感

例如：这小孩儿真可爱。

2. 表示少或小的意思

例如：我一会儿就回来。

3. 区分词性

例如：这幅画儿画得真好！（“画儿”是名词，“画”是动词）

4. 区分词义

例如：
火星是太阳系八大行星之一。
火星儿向四处飞溅。

三、儿化的音变规律

1. 便于卷舌

便于卷舌，是指韵母的末尾音素是舌位较低或较后的元音（ɑ、o、e、u）。儿化时原韵母不变，直接卷舌。

2. 不便于卷舌

不便于卷舌，是指韵母的末尾音素是前高元音（i、ü）、舌尖元音（i）或鼻韵尾（n、ng），末尾音素的舌位与卷舌动作发生冲突，不便于卷舌。

四、儿化音变的发音规律

儿化音变方式比较复杂，具体有以下几种：

1. 在 ɑ、o、e、u 后面

音节末尾是 ɑ、o、e、u 的，儿化时只在原韵母后加卷舌动作。例如：
腊八儿　　山坡儿　　山歌儿　　小偷儿　　加油儿

2. 丢掉韵尾 i 或 n

韵母为 ɑi、ei、ɑn、en（包括 uei、uen、iɑn、uɑi、uɑn 和 üɑn）的音节儿化时失落韵尾，在主要元音上加卷舌动作。例如：
冒牌儿　　宝贝儿　　心肝儿　　冒烟儿　　赔本儿
跑腿儿　　冰棍儿　　打转儿　　手绢儿　　一块儿

3. 丢掉韵尾 ng

韵尾为 ng 的，儿化时失落 ng，并将前面的元音鼻化，加卷舌动作。

例如：

肩膀儿　花样儿　蛋黄儿　门缝儿　电影儿
胡同儿　小熊儿　提成儿　药方儿　小瓮儿

4. 单韵母 i、ü 后面加上 er

韵母为 i、ü 的，儿化时韵母不变，加卷舌动作。例如：

金鱼儿　毛驴儿　小曲儿　针鼻儿　玩意儿　肚脐儿

5.in、ün 去韵尾加 er

韵母为 in、ün 的，儿化时失落 n，i、ü 等主要元音加卷舌动作。例如：

脚印儿　树荫儿　干劲儿　手心儿　合群儿

6. 舌尖元音 i（前、后）

韵尾为 ê 以及韵母为 i（前）、i（后）的，变为央 e 加卷舌动作。例如：

树叶儿　空缺儿　瓜子儿　歌词儿　铁丝儿　果汁儿

五、综合训练

1. 绕口令

进了门儿

进了门儿，倒杯水儿，喝了两口儿运运气儿，顺手儿拿起小唱本儿，唱一曲儿，又一曲儿。练完了嗓子我练嘴皮儿，绕口令儿，练字音儿，还有单弦儿牌子曲儿，小快板儿，大鼓词儿，越说越唱我越带劲儿。

2. 句段练习

落光了叶子的柳树上挂满了毛茸茸、亮晶晶的银条儿，而那些冬夏常青的松树和柏树上，则挂满了蓬松松、沉甸甸的雪球儿。一阵风吹来，树枝轻轻地摇晃，美丽的银条儿和雪球儿簌簌地落下来，玉屑似的雪沫儿随风飘扬，映着清晨的阳光，显出一道道五光十色的彩虹。

附录 2 普通话水平测试用儿化词语表

说明：

（1）本表参照《普通话水平测试用普通话词语表》及《现代汉语词典》（第 7 版）编制。加 * 的是以上二者未收，根据测试需要而酌增的条目。

（2）本表仅供普通话水平测试第二项——读多音节词语（100 个音节）——测试使用。本表儿化音节，在书面上一律加“儿”，但并不表明所列词语在任何语用场合都必须儿化。

（3）本表共收词 200 条，列出原形韵母和所对应的儿化韵，用符号“ > ”表示由哪个原形韵母变为儿化韵。描写儿化韵中的“ ：”表示“ ：”之前的是主要元音（韵腹），不是介音（韵头）。

（4）本表的汉语拼音注音，只在基本形式后面加 r，不标语音上的实际变化。但涉及“一”的变调，标语音上的实际变化，如“一下儿 yíxiàr”“一点儿 yìdiǎnr”“一块儿 yíkuàir”“一阵儿 yízhènr”“一会儿 yíhuìr”。

a>ar

板擦儿 bǎncār	打杂儿 dǎzár	刀把儿 dāobàr
号码儿 hàomǎr	没法儿 méifǎr	戏法儿 xìfǎr
找碴儿 zhǎochár		

ai>ar

壶盖儿* húgàir	加塞儿 jiāsāir	名牌儿 míngpáir
小孩儿 xiǎoháir	鞋带儿* xiédàir	

an>ar

包干儿 bāogānr	笔杆儿 bǐgǎnr	快板儿 kuàibǎnr
老伴儿 lǎobànr	脸蛋儿 liǎndànr	脸盘儿 liǎnpánr
门槛儿 ménkǎnr	收摊儿 shōutānr	蒜瓣儿 suànbànr
栅栏儿 zhàlanr		

ang>ar（鼻化）

赶趟儿 gǎntàngr	瓜瓤儿* guārángr	香肠儿 xiāngchángr
药方儿 yàofāngr		

ia>iar

掉价儿 diàojiàr	豆芽儿 dòuyár	一下儿 yíxiàr

ian>iar

半点儿 bàndiǎnr　差点儿 chàdiǎnr　坎肩儿 kǎnjiānr
拉链儿 lāliànr　聊天儿 liáotiānr　露馅儿 lòuxiànr
冒尖儿 màojiānr　扇面儿 shànmiànr　馅儿饼 xiànrbǐng
小辫儿 xiǎobiànr　心眼儿 xīnyǎnr　牙签儿 yáqiānr
一点儿 yìdiǎnr　有点儿 yǒudiǎnr　雨点儿 yǔdiǎnr
照片儿 zhàopiānr

iang>iar（鼻化）

鼻梁儿 bíliángr　花样儿 huāyàngr　透亮儿 tòuliàngr

ua>uar

大褂儿 dàguàr　麻花儿 máhuār　马褂儿 mǎguàr
脑瓜儿 nǎoguār　小褂儿 xiǎoguàr　笑话儿 xiàohuar
牙刷儿 yáshuār

uai>uar

一块儿 yíkuàir

uan>uar

茶馆儿 cháguǎnr　打转儿 dǎzhuànr　大腕儿 dàwànr
饭馆儿 fànguǎnr　拐弯儿 guǎiwānr　好玩儿 hǎowánr
火罐儿 huǒguànr　落款儿 luòkuǎnr

uang>uar（鼻化）

打晃儿 dǎhuàngr　蛋黄儿 dànhuángr　天窗儿 tiānchuāngr

üan>üar

包圆儿 bāoyuánr　出圈儿 chūquānr　绕远儿 ràoyuǎnr
人缘儿 rényuánr　手绢儿 shǒujuànr　烟卷儿 yānjuǎnr
杂院儿 záyuànr

ei>er

刀背儿 dāobèir　摸黑儿 mōhēir

en>er

把门儿 bǎménr　别针儿 biézhēnr　大婶儿 dàshěnr
刀刃儿 dāorènr　高跟儿鞋* gāogēnrxié　哥们儿 gēmenr

后跟儿 hòugēnr　　花盆儿*huāpénr　　老本儿 lǎoběnr

面人儿 miànrénr　　纳闷儿 nàmènr　　嗓门儿 sǎngménr

小人儿书 xiǎorénrshū　　杏仁儿 xìngrénr　　压根儿 yàgēnr

一阵儿 yízhènr　　走神儿 zǒushénr

eng>er（鼻化）

脖颈儿 bógěngr　　钢镚儿 gāngbèngr　　夹缝儿 jiāfèngr

提成儿 tíchéngr

ie>ier

半截儿 bànjiér　　小鞋儿 xiǎoxiér

üe>üer

旦角儿 dànjuér　　主角儿 zhǔjuér

uei>uer

耳垂儿 ěrchuír　　墨水儿 mòshuǐr　　跑腿儿 pǎotuǐr

围嘴儿 wéizuǐr　　一会儿 yíhuìr　　走味儿 zǒuwèir

uen>uer

冰棍儿 bīnggùnr　　打盹儿 dǎdǔnr　　光棍儿 guānggùnr

开春儿 kāichūnr　　没准儿 méizhǔnr　　胖墩儿 pàngdūnr

砂轮儿 shālúnr

ueng>uer（鼻化）

小瓮儿*xiǎowèngr

-i（前）>er

瓜子儿 guāzǐr　　没词儿 méicír　　石子儿 shízǐr

挑刺儿 tiāocìr

-i（后）>er

记事儿 jìshìr　　锯齿儿 jùchǐr　　墨汁儿 mòzhīr

i>i:er

垫底儿 diàndǐr　　肚脐儿 dùqír　　玩意儿 wányìr

针鼻儿 zhēnbír

in>i:er

脚印儿 jiǎoyìnr　　送信儿 sòngxìnr　　有劲儿 yǒujìnr

ing>i:er（鼻化）

打鸣儿 dǎmíngr
蛋清儿 dànqīngr
花瓶儿 huāpíngr
火星儿 huǒxīngr
门铃儿 ménlíngr
人影儿 rényǐngr
图钉儿 túdīngr
眼镜儿 yǎnjìngr

ü>ü:er

毛驴儿 máolǘr
痰盂儿 tányúr
小曲儿 xiǎoqǔr

ün>ü:er

合群儿 héqúnr

e>er

挨个儿 āigèr
唱歌儿*chànggēr
打嗝儿 dǎgér
单个儿 dāngèr
逗乐儿 dòulèr
饭盒儿 fànhér
模特儿 mótèr

u>ur

泪珠儿 lèizhūr
梨核儿*líhúr
没谱儿 méipǔr
碎步儿 suìbùr
媳妇儿 xífur
有数儿 yǒushùr

ong>or（鼻化）

抽空儿 chōukòngr
果冻儿 guǒdòngr
胡同儿 hútòngr
酒盅儿 jiǔzhōngr
门洞儿 méndòngr
小葱儿 xiǎocōngr

iong>ior（鼻化）

小熊儿*xiǎoxióngr

ao>aor

半道儿 bàndàor
灯泡儿 dēngpàor
红包儿 hóngbāor
叫好儿 jiàohǎor
绝着儿 juézhāor
口哨儿 kǒushàor
口罩儿 kǒuzhàor
蜜枣儿 mìzǎor
手套儿 shǒutàor
跳高儿 tiàogāor

iao>iaor

豆角儿 dòujiǎor
火苗儿 huǒmiáor
开窍儿 kāiqiàor
面条儿 miàntiáor
跑调儿 pǎodiàor
鱼漂儿 yúpiāor

ou>our

个头儿 gètóur
老头儿 lǎotóur
门口儿 ménkǒur

年头儿 niántóur　纽扣儿 niǔkòur　线轴儿 xiànzhóur
小丑儿 xiǎochǒur　小偷儿 xiǎotōur　衣兜儿 yīdōur

iou>iour

顶牛儿 dǐngniúr　加油儿 jiāyóur　棉球儿*miánqiúr
抓阄儿 zhuājiūr

uo>uor

被窝儿 bèiwōr　出活儿 chūhuór　大伙儿 dàhuǒr
火锅儿 huǒguōr　绝活儿 juéhuór　小说儿 xiǎoshuōr
邮戳儿 yóuchuōr　做活儿 zuòhuór

(o)>or

耳膜儿*ěrmór　粉末儿 fěnmòr

第四节　语气词“啊”的音变

“啊”是一个表达语气、感情的语气词，一般单独用或用在句尾。作为叹词用在句前，仍发 a 音。用在句尾时，由于受到前面音节收尾音素的影响而产生几种变化。练习时要注意“啊”的发音变化。

一、“啊”的发音变化规律

1. 前面音节末尾是 a、o、e、ê、i、ü 时

前一音节收尾音素是 a、o（ao、iao 除外）、e、ê、i、ü 时，“啊”读成 ya，汉字写作“啊”或“呀”。例如：

什么话呀！
真多呀！
千万注意呀！
要努力争取呀！

2. 前面音节末尾是 u 时

前一音节收尾音素是 u（包括 ao、iao）时，“啊”读成 wa，汉字写作

“啊”或“哇”。例如：

我去朗读哇！

他真瘦哇！

你的手真巧哇！

真糟糕哇！

3. 前面音节末尾是 n 时

前一音节收尾音素是 n 时，“啊”读成 na，汉字写作“啊”或“哪”。例如：

你快看哪！

你真是一个好人哪！

你可要小心哪！

4. 前面音节末尾是 ng 时

前一音节收尾音素是 ng 时，“啊”读成 nga，汉字仍写作“啊”。例如：

我们一起唱啊！

你看行不行啊！

同志们，冲啊！

5. 前面音节末尾是舌尖前元音 i 时

前一音节收尾音素是舌尖前元音 i 时，“啊”读成 za，汉字仍写作“啊”。例如：

你看过几次啊？

他真自私啊！

我在练字啊！

6. 前面音节末尾是舌尖后元音 i、r 和 er 时

前一音节收尾音素是舌尖后元音 i、r 和 er（包括儿化韵）时，“啊”读成 ra，汉字仍写作“啊”。例如：

是啊！

这是今天的报纸啊！

今天是谁值日啊？

党的好女儿啊！

快开门儿啊！

以上六种变化规律是顺势产生的，发音要自然。

二、综合练习

菜市场的货物真丰富

菜市场的货物真丰富：鸡啊（ya）、鸭啊（ya）、鱼啊（ya）、肉啊（wa）、盐啊（na）、酱啊（nga）、醋啊（wa）……生的、熟的应有尽有。

鸡鸭猫狗

鸡呀、鸭呀、猫哇、狗哇，一块儿水里游哇！牛哇、羊啊（nga）、马呀、骡呀，一块儿进鸡窝呀！狼啊（nga）、虫啊（nga）、虎哇、豹哇，一块儿街上跑哇！兔哇、鹿哇、鼠哇、孩儿啊（ra），一块儿上窗台儿啊（ra）！

可爱的孩子

这些孩子啊（za），真可爱啊（ya）！你看啊（na），他们多高兴啊（nga），又是作诗啊（ra），又是吟诵啊（nga），又是画图画啊（ya），又是剪纸啊（ra），又是唱啊（nga），又是跳啊（wa）……啊！他们多幸福啊（wa）！

第二部分

普通话水平测试

第一章　普通话水平测试简介

第一节　普通话水平测试概述

普通话水平测试（PUTONGHUA SHUIPING CESHI，PSC）是我国为加快共同语普及进程、提高全社会普通话水平而设置的一种语言测试。

一、测试目的与性质

目的：普通话水平测试旨在测查应试人运用普通话的规范程度、熟练程度，是对其掌握和运用普通话所达到的规范程度的测查和评定，而非口才的评定。

性质：普通话水平测试是资格证书测试，由政府专门机构主持，测试结果具有权威性，相关证书是从业人员普通话水平的凭证，在全国范围内通用。

二、测试形式与内容

形式：普通话水平测试全部采用口试方式进行，部分地区采用计算机辅助测试（机测），部分地区采用人工测试。

内容：测试内容共四项，满分 100 分，包括：

（1）读单音节字词：100 个音节，限时 3.5 分钟，共 10 分。测查应试人声母、韵母、声调读音的标准程度。

（2）读多音节词语：100 个音节，限时 2.5 分钟，共 20 分。测查应试人声母、韵母、声调和变调、轻声、儿化读音的标准程度。

（3）朗读短文：400个音节，限时4分钟，共30分。测查应试人使用普通话朗读书面作品的水平，重点测查连读音变、停连、语调以及流畅程度。

（4）命题说话：限时3分钟，共40分。测查应试人在无文字凭借的情况下说普通话的水平，重点测查语音标准程度、词汇语法规范程度和自然流畅程度。

三、等级划分

普通话水平等级分为三级六等，即一、二、三级，每个级别再分出甲、乙两个等次。一级甲等为最高，三级乙等为最低。具体等级划分如下：

一级甲等：97分及其以上；

一级乙等：92分及其以上但不足97分；

二级甲等：87分及其以上但不足92分；

二级乙等：80分及其以上但不足87分；

三级甲等：70分及其以上但不足80分；

三级乙等：60分及其以上但不足70分。

四、测试流程

以机测为例，普通话水平测试的流程大致如下：

（1）信息采集：应试人携带身份证、准考证进行信息采集，包括身份信息验证、照片采集、系统抽签等。

（2）登录与核对信息：通过人脸识别登录测试系统，核对个人信息无误后进入测试环节。

（3）试音：按照系统提示进行试音，确保录音设备正常。

（4）正式测试：依次完成读单音节字词、读多音节词语、朗读短文、命题说话四项测试内容。

（5）结束考试：提交试卷后，系统自动结束考试，应试人离开考场。

五、测试意义与应用

普通话水平测试对于推广普通话、提高国民语言素质具有重要意义。同时，许多行业对本行业从业人员提出了相应的普通话水平等级要求，《普通话水平等级证书》是从业人员普通话水平的凭证。例如，教师、公务员、律师、医护人员、导游员等职业人员通常需要达到一定的普通话水平等级要求。

总之，普通话水平测试是一项重要的语言测试，对于推广普通话、提高国民语言素质以及满足相关行业对从业人员普通话水平的要求具有重要意义。

第二节　普通话水平测试大纲

（教育部　国家语委发教语用〔2003〕2号文件）

根据教育部、国家语言文字工作委员会发布的《普通话水平测试管理规定》《普通话水平测试等级标准》，制定本大纲。

一、测试的名称、性质、方式

本测试定名为“普通话水平测试”（PUTONGHUA SHUIPING CESHI，缩写为PSC）。普通话水平测试测查应试人的普通话规范程度、熟练程度，认定其普通话水平等级，属于标准参照性考试。本大纲规定测试的内容、范围、题型及评分系统。

普通话水平测试以口试方式进行。

二、测试内容和范围

普通话水平测试的内容包括普通话语音、词汇和语法。

普通话水平测试的范围是国家测试机构编制的《普通话水平测试用普通话词语表》《普通话水平测试用普通话与方言词语对照表》《普通话水平测试用普通话与方言常见语法差异对照表》《普通话水平测试用朗读作品》《普通话水平测试用话题》。

三、试卷构成和评分

试卷包括5个组成部分，满分为100分。

（一）读单音节字词（100 个音节，不含轻声、儿化音节），限时 3.5 分钟，共 10 分

1. 目的

测查应试人声母、韵母、声调读音的标准程度。

2. 要求

（1）100 个音节中，70% 选自《普通话水平测试用普通话词语表》“表一”，30% 选自“表二”。

（2）100 个音节中，每个声母出现次数一般不少于 3 次，每个韵母出现次数一般不少于 2 次，4 个声调出现次数大致均衡。

（3）音节的排列要避免同一测试要素连续出现。

3. 评分

（1）语音错误，每个音节扣 0.1 分。

（2）语音缺陷，每个音节扣 0.05 分。

（3）超时 1 分钟以内，扣 0.5 分；超时 1 分钟以上（含 1 分钟），扣 1 分。

（二）读多音节词语（100 个音节），限时 2.5 分钟，共 20 分

1. 目的

测查应试人声母、韵母、声调和变调、轻声、儿化读音的标准程度。

2. 要求

（1）词语的 70% 选自《普通话水平测试用普通话词语表》“表一”，30% 选自“表二”。

（2）声母、韵母、声调出现的次数与读单音节字词的要求相同。

（3）上声与上声相连的词语不少于 3 个，上声与非上声相连的词语不少于 4 个，轻声不少于 3 个，儿化不少于 4 个（应为不同的儿化韵母）。

（4）词语的排列要避免同一测试要素连续出现。

3. 评分

（1）语音错误，每个音节扣 0.2 分。

（2）语音缺陷，每个音节扣 0.1 分。

（3）超时 1 分钟以内，扣 0.5 分;超时 1 分钟以上（含 1 分钟），扣 1 分。

（三）选择判断 *，限时 3 分钟，共 10 分

1. 词语判断（10 组）

（1）目的：测查应试人掌握普通话词语的规范程度。

（2）要求：根据《普通话水平测试用普通话与方言词语对照表》，列举 10 组普通话与方言意义相对应但说法不同的词语，由应试人判断并读出普通话的词语。

（3）评分：判断错误，每组扣 0.25 分。

2. 量词、名词搭配（10 组）

（1）目的：测查应试人掌握普通话量词和名词搭配的规范程度。

（2）要求：根据《普通话水平测试用普通话与方言常见语法差异对照表》，列举 10 个名词和若干量词，由应试人搭配并读出符合普通话规范的 10 组名量短语。

（3）评分：搭配错误，每组扣 0.5 分。

3. 语序或表达形式判断（5 组）

（1）目的：测查应试人掌握普通话语法的规范程度。

（2）要求：根据《普通话水平测试用普通话与方言常见语法差异对照表》，列举 5 组普通话和方言意义相对应，但语序或表达习惯不同的短语或短句，由应试人判断并读出符合普通话语法规范的表达形式。

（3）评分：判断错误，每组扣 0.5 分。

选择判断合计超时 1 分钟以内，扣 0.5 分；超时 1 分钟以上（含 1 分钟），扣 1 分。答题时语音错误，每个音节扣 0.1 分；如判断错误已经扣分，不重复扣分。

（四）朗读短文（1 篇，400 个音节），限时 4 分钟，共 30 分

1. 目的

测查应试人使用普通话朗读书面作品的水平。在测查声母、韵母、声调读音标准程度的同时，重点测查连读音变、停连、语调以及流畅程度。

2. 要求

（1）短文从《普通话水平测试用朗读作品》中选取。

（2）评分以朗读作品的前 400 个音节（不含标点符号和括注的音节）为限。

3. 评分

（1）每错 1 个音节，扣 0.1 分；漏读或增读 1 个音节，扣 0.1 分。

（2）声母或韵母的系统性语音缺陷，视程度扣 0.5 分、1 分。

（3）语调偏误，视程度扣 0.5 分、1 分、2 分。

（4）停连不当，视程度扣 0.5 分、1 分、2 分。

（5）朗读不流畅（包括回读），视程度扣 0.5 分、1 分、2 分。

（6）超时扣 1 分。

（五）命题说话，限时 3 分钟，共 30 分

1. 目的

测查应试人在无文字凭借的情况下说普通话的水平，重点测查语音标准程度、词汇语法规范程度和自然流畅程度。

2. 要求

（1）说话话题从《普通话水平测试用话题》中选取，由应试人从给定的两个话题中选定 1 个话题，连续说一段话。

（2）应试人单向说话。如发现应试人有明显背稿、离题、说话难以继续等表现时，主试人应及时提示或引导。

3. 评分

（1）语音标准程度，共 20 分。分六档：

一档：语音标准，或极少有失误。扣 0 分、0.5 分、1 分。

二档：语音错误在 10 次以下，有方音但不明显。扣 1.5 分、2 分。

三档：语音错误在 10 次以下，但方音比较明显；或语音错误在 10～15 次之间，有方音但不明显。扣 3 分、4 分。

四档：语音错误在 10～15 次之间，方音比较明显。扣 5 分、6 分。

五档：语音错误超过 15 次，方音明显。扣 7 分、8 分、9 分。

六档：语音错误多，方音重。扣 10 分、11 分、12 分。

（2）词汇语法规范程度，共 5 分。分三档：

一档：词汇、语法规范。扣 0 分。

二档：词汇、语法偶有不规范的情况。扣 0.5 分、1 分。

三档：词汇、语法屡有不规范的情况。扣 2 分、3 分。

（3）自然流畅程度，共 5 分。分三档：

一档：语言自然流畅。扣 0 分。

二档：语言基本流畅，口语化较差，有背稿子的表现。扣 0.5 分、1 分。

三档：语言不连贯，语调生硬。扣 2 分、3 分。

说话不足 3 分钟，酌情扣分：缺时 1 分钟以内（含 1 分钟），扣 1 分、2 分、3 分；缺时 1 分钟以上，扣 4 分、5 分、6 分；说话不满 30 秒（含 30 秒），本测试项成绩计为 0 分。

四、应试人普通话水平等级的确定

国家语言文字工作部门发布的《普通话水平测试等级标准》是确定应试人普通话水平等级的依据。测试机构根据应试人的测试成绩确定其普通话水平等级，由省、自治区、直辖市以上语言文字工作部门颁发相应的普通话水平测试等级证书。

普通话水平划分为三个级别，每个级别内划分两个等次。其中：

97 分及其以上，为一级甲等；

92 分及其以上但不足 97 分，为一级乙等；

87 分及其以上但不足 92 分，为二级甲等；

80 分及其以上但不足 87 分，为二级乙等；

70 分及其以上但不足 80 分，为三级甲等；

60 分及其以上但不足 70 分，为三级乙等。

* 说明：各省、自治区、直辖市语言文字工作部门可以根据测试对象或本地区的实际情况，决定是否免测“选择判断”测试项。如免测此项，“命题说话”测试项的分值由 30 分调整为 40 分。评分档次不变，具体分值调整如下：

（1）语音标准程度的分值，由 20 分调整为 25 分。

一档：扣 0 分、1 分、2 分。

二档：扣 3 分、4 分。
三档：扣 5 分、6 分。
四档：扣 7 分、8 分。
五档：扣 9 分、10 分、11 分。
六档：扣 12 分、13 分、14 分。
（2）词汇语法规范程度的分值，由 5 分调整为 10 分。
一档：扣 0 分。
二档：扣 1 分、2 分。
三档：扣 3 分、4 分。
（3）自然流畅程度，仍为 5 分，各档分值不变。

第三节　普通话水平测试模拟卷

一、读单音节字词（100 个音节，共 10 分，限时 3.5 分钟）

床	根	直	云	娘	德	蹿	拽	抹	队
觉	应	填	门	朵	每	落	夫	太	亩
若	丝	标	收	好	丢	中	躺	瓶	瓮
花	扔	从	春	秦	理	奏	铝	凡	观
奴	越	劝	屯	价	非	讲	薄	啐	小
腿	史	乘	夏	二	切	瓦	顶	块	熊
满	渍	空	塞	即	磷	乎	水	辨	旗
感	咧	折	超	筐	刚	单	求	嗤	幸
崽	揪	斋	冯	续	航	咂	损	滨	穷
篇	脓	筏	瞥	篆	选	广	赠	爪	量

二、读多音节词语（100 个音节，共 20 分，限时 2.5 分钟）

裁军	错综复杂	卓越	豪华	衰弱
怎么	半空	撒谎	祈求	墨汁儿

相似	尖端	炯炯	引水	临终
认定	耗费	体操	共产党	偏旁
跳高儿	去年	吞没	侄女	开春儿
乡下	绷带	短缺	清静	鬼脸
和谐	马褂	丰富	广场	子女
安定	哲学	假日	水土	专长
衰败	自称	劝慰	生产力	识别
投标	富翁	门口儿		

三、朗读短文（400 个音节，共 30 分，限时 4 分钟）

请朗读作品 18 号。

四、命题说话（请在下列话题中任选一个，共 40 分，限时 3 分钟）

1. 假日生活　　2. 我喜爱的职业

《假日生活》示范音频

单音节字词、多音节词语示范音频

第二章　朗读短文

第一节　朗读短文应试策略

朗读是把文字作品转化为有声语言的一种创作活动。

在普通话水平测试中，应试者要用普通话，准确、规范、恰当、流畅地把文章读出来。按照《普通话水平测试大纲》（以下简称《大纲》）所规定的评分标准，应试人应做到：语音和表达要准确（不可错漏）、语调要规范（不能存在方言语调）、停断位置要恰当（不能造成歧义或句子结构的错误，同时表达也要连贯）、语速快慢要合适（做到自然流畅）、不能超时，否则就要视情况的不同而予以不同的扣分。

一、语音和表达不准确

出现问题的原因主要有：语音基础较差、缺乏良好的心理素质、测试前准备不足。

语音基础较差导致发音错误较多，而且这些错误一般是成系统的，所以扣分率高。心理素质不好，临场就会紧张、慌乱，语音错误、表达错误频出，口误增多。准备不足也会导致失分，如对作品不够熟悉、发音器官紧张等。发音器官紧张，发音就会僵化生硬，造成不应有的发音错误和缺陷，语调也容易不规范。

备考对策主要有：

（1）做好语音准备。语音准备是最重要也最长效的准备。应试人的语音问题，有的只表现为少数的平翘不分，有的是声、韵、调都有发音错误或缺陷。单一型的较好纠正,复合型的纠正起来较难。这些问题有主次之分、轻重之别。应抓住主要问题，突出重点，争取取得最佳效果。训练过程中，教师要指出问题、纠正错误，学生要刻苦练习、纠正方音。

（2）做好心理准备。应试人对普通话水平测试要有正确的认识，消除紧张心理。测试的目的是更好地学习和使用普通话，提高普通话口语表达水平。第一次测试成绩不理想，还可以在间隔一定时间后申请第二次（甚至更多次）测试，直至达到自己满意的等级为止。应试者对于测试，思想上要重视、心理上要放松、行动上要抓紧。要与指导教师一起，客观分析语音情况，并积极训练，做到心中有数、临阵不慌。

（3）做好生理准备。通过一些简单的活动，锻炼各发音器官，使发音器官处于一种积极、良好的发音状态，克服因发音器官紧张而带来的语音错误和缺陷。一般说来，每个人在测试前都会有不同程度的紧张。测试之前的一段时间是最紧张的时候。应试者可利用这段时间做做发音前的生理准备。这就像运动员比赛前的热身、歌唱演员上台前的亮嗓（喊嗓）一样重要和必要。实践中发现，不少应试者发音时因呼吸不匀、声带发出颤音、面部肌肉紧张、口腔状态不好（打不开口腔，口腔内各发音部位配合不好）导致语音错漏，所以做好生理准备也是克服语音错漏的一个积极对策。

二、语调不规范

出现方言语调的原因主要有：

（1）应试者来自方言区，平常说普通话的时间也较少，加之普通话基础较差，所以在测试时便不可避免地露出各种方音。

（2）方言与普通话差异较大，很容易在朗读中出现声调的错误及系统性缺陷。声调错误或缺陷是导致方言语调形成的最直接原因。

（3）语流音变的规律掌握不熟练或发音不到位。如上声变调，“一”和“不”的变调，词语的轻重音格式，“啊”的音变，轻声、儿化等的发音错误或缺陷，这些都是造成方言语调的重要原因。

（4）不知道朗读和朗诵的区别，把朗读误以为是朗诵，把对作品的转述当成了表演，朗读时语调夸张、声调忽高忽低、四声相对高度不一致，语速忽快忽慢，声音前高后低、前强后重等，形成了一种固定的“朗诵腔”。这些其实也是方言语调的具体体现。

备考对策主要有：

（1）养成用普通话进行思维、阅读（包括默读）、会话的习惯。一个人的思维和阅读习惯深受母语影响，如果母语是某种方言，则这种习惯很难改变。在一定的语言环境中，会话可能在较短时间内由方言改为普通话，而思维和阅读习惯是根深蒂固的，经过长期的训练方能奏效。训练可采用复述、描述、评述、解说、报告、日常谈话、致辞、讲故事、演讲、辩论等方式进行。

（2）强化声调和音变训练。训练中要努力读准普通话四声的调值，避免因语调变化而使字调发生变化。此外，还要加强音变训练，掌握各种音变规律，反复练习，直到各种音变都读准、读自然为止。

（3）明确朗读语言的要求，运用恰当方式表现作品。《大纲》提供的50篇作品，或叙事性强，或抒情突出，或重在描写；体裁以散文为主。所以，在表达上不需要过度的声音高低对比、强弱变化，在情感处理上不需要诗歌朗诵般的强烈激情，在音色的处理上不需要刻画小说人物时的惟妙惟肖、栩栩如生……不能片面追求朗诵语言的吟咏性、相声语言的诙谐性、戏剧台词的夸张性等。朗读是一种庄重和质朴的再创作。朗读者的任务是传达而非表演，不追求情节性和趣味性，而强调准确性和深刻性；不追求渲染性和夸张性，而强调严谨性和规范性。也就是说，朗读的语言具有规整性，犹如文学创作中的白描手法，既不佶屈聱牙、生涩隐晦，又不浓墨重彩、奇险浮饰，更不哗众取宠、插科打诨。

训练的方式主要有：

（1）跟读：听示范朗读，跟读。注意字音的准确、语调的规范和表达技巧的运用；注意在准确的基础上对整篇作品基调的把握。

（2）说读：根据作品的思想内容选择适当的表现方式，朴实自然地把内容“说”（读）出来，表达时做到既不要无动于衷又不要自作多情。

三、停连不恰当

出现停连不恰当的原因主要有：

（1）理解作品有误，导致停连位置不当，造成歧义或错误。

（2）心理紧张，导致读破句，句子不连贯、不流畅，停顿过多、重读较多。

停连是有声语言的“标点符号”。在朗读过程中，声音中断、休止的地方就是停顿。反之，那些不中断、不休止的地方（特别是有标点符号而不中断、不休止的地方）就叫连接。应试人应掌握普通话朗读有关知识，明白重音、停顿等技巧在朗读中的重要作用，结合实践训练朗读技巧，提高朗读水平。同时，熟悉和了解作品——扫清文字障碍、查清字的发音、理清句子关系及结构、分清文章主次和内容，做到心中有数，沉着应战。

四、语速不流畅

朗读时与语速有关的情况主要有三种：

（1）语速合适，普通话较流畅，无不恰当停顿，但字音错误较多（普通话流畅而不标准）。

（2）语速较合适，普通话不流畅，字音错漏较多，有停连不当现象（普通话比较流畅、比较标准）。

（3）语速不合适（过慢），普通话不很流畅，吐字较生硬，无不恰当停顿，但字音较标准，错漏较少（普通话较标准而不流畅）。

以上只有第三种才真正属于语速不当问题。语速过慢主要是读得太仔细、唯恐字音有错漏的心理造成的。少数应试者语速稍快，则主要是由紧张、慌乱所致。

备考对策主要有：

（1）平时养成说话平稳适中的习惯。

（2）反复朗读作品，控制语速，做到快而不乱、慢而不断、自然流畅。

（3）听示范录音，跟读作品，掌握语速。

（4）考试前先测试和调整语速，做好心理和生理准备，临场不急不慌，从容应对。

以上各项问题及对策是分项提出的，但解决问题时应综合运用各种对策；朗读成绩（测试成绩）的好坏，除以上提到的各种因素外，还与应试人的文化素质、心理素质密切相关。要取得较好的成绩，还必须提高文化素质和心理素质。

第二节　普通话水平测试用朗读作品

扫码听音频

作品 1 号

照北京的老规矩[1]，春节差不多[2]在腊月的初旬就开始了。“腊七腊八，冻死寒鸦”，这是一年里最冷的时候。在腊八这天，家家都熬腊八粥。粥是用各种米，各种豆，与各种干果熬成的。这不是粥，而是小型的农业展览会。

除此之外，这一天还要泡腊八蒜。把蒜瓣[3]放进[4]醋里，封起来，为过年吃饺子用。到年底，蒜泡得色如翡翠，醋也有了些辣味[5]，色味双美，使人忍不住要多吃几个饺子。在北京，过年时，家家吃饺子。

孩子们准备过年，第一件大事就是买杂拌儿[6]。这是用花生、胶枣、榛子[7]、栗子等干果与蜜饯[8]掺和[9]成的。孩子们喜欢吃这些零七八碎儿[10]。第二件大事是买爆竹[11]，特别是男孩子们。恐怕第三件事才是买各种玩意儿[12]——风筝[13]、空竹、口琴等。

孩子们欢喜，大人们也忙乱。他们必须预备过年吃的、喝的、穿的、用的，好在新年时显出万象更新的气象。

腊月二十三过小年，差不多就是过春节的“彩排”。天一擦黑儿[14]，鞭炮响起来，便有了过年的味道。这一天，是要吃糖的，街上早有好多卖麦芽糖与江米糖的，糖形或为长方块[15]或为瓜形，又甜又黏[16]，小孩子们最喜欢。

过了二十三，大家更忙。必须大扫除一次，还要把肉、鸡、鱼、青菜、年糕什么的都预备充足——店 //① 铺多数正月初一到初五关门，到正月初六才开张。

节选自老舍《北京的春节》

读音提示

1 规矩 guīju
2 差不多 chàbuduō
3 蒜瓣 suànbànr
4 放进 fàngjìn
5 辣味 làwèir
6 杂拌儿 zábànr
7 榛子 zhēnzi
8 蜜饯 mìjiàn
9 掺和 chānhuo
10 零七八碎儿 língqī-bāsuìr
11 爆竹 bàozhú
12 玩意儿 wányìr
13 风筝 fēngzheng
14 擦黑儿 cāhēir
15 长方块 chángfāngkuàir
16 又甜又黏 yòu tián yòu nián

① 本节每篇作品在第 400 个音节后用“//”标注，以下不再一一注明。

作品 2 号

盼望着，盼望着，东风来了，春天的脚步近了。

一切都像刚睡醒的样子，欣欣然张开了眼。山朗润起来了，水涨起来了，太阳的脸红起来了。

小草偷偷地从土里钻出来，嫩嫩的，绿绿的。园子里，田野里，瞧去，一大片一大片满是的。坐着，躺着，打两个滚[1]，踢几脚球[2]，赛几趟跑，捉几回迷藏。风轻悄悄的，草软绵绵的。

……

"吹面不寒杨柳风"，不错的，像母亲的手抚摸着你。风里带来些新翻的泥土的气息，混着青草味儿[3]，还有各种花的香，都在微微湿润的空气里酝酿[4]。鸟儿[5]将巢安在繁花绿叶[6]当中，高兴起来了，呼朋引伴地卖弄清脆的喉咙，唱出宛转[7]的曲子，跟轻风流水应和着。牛背上牧童的短笛，这时候也成天嘹亮地响着。

雨是最寻常的，一下就是三两天。可别恼。看，像牛毛，像花针，像细丝，密密地斜织着，人家屋顶上全笼着一层薄烟[8]。树叶儿却绿得发亮，小草儿也青得逼你的眼。傍晚时候，上灯了，一点点黄晕[9]的光，烘托出一片安静而和平的夜。在乡下[10]，小路上，石桥边，有撑起伞慢慢走着的人，地里还有工作的农民，披着蓑戴着笠。他们的房屋，稀稀疏疏的，在雨里静默着。

天上风筝[11]渐渐多了，地上孩子也多了。城里乡下，家家户户，老老小小，// 也赶趟儿似的[12]，一个个都出来了。舒活舒活筋骨，抖擞抖擞精神，各做各的一份儿事去。"一年之计在于春"，刚起头儿，有的是工夫，有的是希望。

春天像刚落地的娃娃，从头到脚都是新的，它生长着。

春天像小姑娘，花枝招展的，笑着，走着。

春天像健壮的青年，有铁一般的胳膊和腰脚，领着我们上前去。

节选自朱自清《春》

读音提示

1 打两个滚 dǎ liǎng gè gǔnr　2 踢几脚球 tī jǐ jiǎo qiúr
3 青草味儿 qīngcǎo wèir　4 酝酿 yùnniàng
5 鸟儿 niǎo'ér　6 繁花绿叶 fánhuā-lǜyè
7 宛转 wǎnzhuǎn　8 薄烟 bóyān　9 黄晕 huángyùn
10 乡下 xiāngxia　11 风筝 fēngzheng　12 似的 shìde

作品 3 号

燕子去了，有再来的时候[1]；杨柳枯了，有再青的时候；桃花谢了，有再开的时候。但是，聪明的，你告诉我，我们的日子为什么一去不复返呢？——是有人偷了他们罢：那是谁？又藏在何处呢？是他们自己逃走了罢：现在又到了哪里呢？

去的尽管[2]去了，来的尽管来着；去来的中间，又怎样地匆匆呢？早上我起来的时候，小屋里射进两三方斜斜的太阳。太阳他有脚啊，轻轻悄悄[3]地挪移[4]了；我也茫茫然[5]跟着旋转[6]。于是——洗手的时候，日子从水盆里过去；吃饭的时候，日子从饭碗里过去；默默时，便从凝然[7]的双眼前过去。我觉察他去的匆匆了，伸出手遮挽[8]时，他又从遮挽着的手边过去；天黑时，我躺在床上，他便伶伶俐俐[9]地从我身上跨过，从我脚边飞去了。等我睁开眼和太阳再见，这算又溜走了一日。我掩着面叹息，但是新来的日子的影儿[10]又开始在叹息里闪过了。

在逃去如飞的日子里，在千门万户的世界里的我能做些什么呢？只有徘徊[11]罢了，只有匆匆罢了；在八千多日的匆匆里，除徘徊外，又剩些什么呢？过去的日子如轻烟，被微风吹散了，如薄雾[12]，被初阳蒸融[13]了；我留着些什么痕迹呢？我何曾留着像游丝样的痕迹呢？我赤裸裸[14]// 来到这世界，转眼间也将赤裸裸的回去罢？但不能平的，为什么偏白白走这一遭啊？

你聪明的，告诉我，我们的日子为什么一去不复返呢？

节选自朱自清《匆匆》

读音提示

1 时候 shíhou
2 尽管 jǐnguǎn
3 轻轻悄悄 qīngqīngqiāoqiāo
4 挪移 nuóyí
5 茫茫然 mángmángrán
6 旋转 xuánzhuǎn
7 凝然 níngrán
8 遮挽 zhēwǎn
9 伶伶俐俐 línglínglìlì
10 影儿 yǐng'ér
11 徘徊 páihuái
12 薄雾 bówù
13 蒸融 zhēngróng
14 赤裸裸 chìluǒluǒ

作品 4 号

有的人在工作、学习中缺乏耐性[1]和韧性，他们一旦碰了钉子，走了弯路，就开始怀疑自己是否有研究才能。其实，我可以告诉[2]大家，许多有名的科学家和作家，都是经过很多次失败，走过[3]很多弯路才成功的。有人看见一个作家写出一本好小说，或者看见一个科学家发表几篇有分量[4]的论文，便仰慕不已，很想自己能够信手拈来[5]，妙手成章[6]，一觉醒来，誉满天下。其实，成功的作品和论文只不过是作家、学者们整个创作[7]和研究中的极小部分，甚至数量上还不及失败作品的十分之一。大家看到的只是他们成功的作品，而失败的作品是不会公开发表出来的。

要知道，一个科学家在攻克科学堡垒[8]的长征[9]中，失败的次数[10]和经验，远比成功的经验要丰富、深刻得多。失败虽然不是什么令人快乐的事情，但也决不应该因此气馁[11]。在进行[12]研究时，研究方向不正确，走了些岔路[13]，白费了许多精力，这也是常有的事。但不要紧，可以再调换[14]方向进行研究。更重要的是要善于吸取失败的教训，总结已有的经验，再继续前进[15]。

根据我自己的体会，所谓天才，就是坚持不断的努力[16]。有些人也许觉得我在数学方面有什么天分[17]，// 其实从我身上是找不到这种天分的。我读小学时，因为成绩不好，没有拿到毕业证书，只拿到一张修业证书。初中一年级时，我的数学也是经过补考才及格的。但是说来奇怪，从初中二年级以后，我就发生了一个根本转变，因为我认识到既然我的资质差些，就应该多用点儿时间来学习。别人学一小时，我就学两小时，这样，我的数学成绩得以不断提高。

一直到现在我也贯彻这个原则：别人看一篇东西要三小时，我就花三个半小时。经过长期积累，就多少可以看出成绩来。并且在基本技巧烂熟之后，往往能够一个钟头就看懂一篇人家看十天半月也解不透的文章。所以，前一段时间的加倍努力，在后一段时间能收到预想不到的效果。

是的，聪明在于学习，天才在于积累。

节选自华罗庚《聪明在于学习，天才在于积累》

读音提示

1 耐性 nàixìng　2 告诉 gàosu　3 走过 zǒuguo　4 分量 fènliàng
5 信手拈来 xìnshǒu-niānlái　6 妙手成章 miàoshǒu-chéngzhāng
7 创作 chuàngzuò　8 堡垒 bǎolěi　9 长征 chángzhēng
10 次数 cìshù　11 气馁 qìněi　12 进行 jìnxíng
13 岔路 chàlù　14 调换 diàohuàn　15 前进 qiánjìn
16 努力 nǔlì　17 天分 tiānfèn

作品 5 号

去过[1]故宫大修现场的人，就会发现这里和外面工地的劳作景象有个明显的区别：这里没有起重机，建筑材料都是以手推车的形式送往工地，遇到人力无法运送的木料时，工人们会使用百年不变的工具——滑轮组。故宫修缮[2]，尊重着“四原”原则，即原材料、原工艺、原结构、原型制。在不影响体现传统工艺技术手法特点的地方[3]，工匠可以用电动工具，比如开荒料、截头[4]。大多数时候工匠都用传统工具：木匠[5]画线用的是墨斗[6]、画签、毛笔、方尺、杖竿[7]、五尺；加工制作木构件使用的工具有锛[8]、凿、斧、锯、刨[9]等等。

最能体现大修难度的便是瓦作中“苫背[10]”的环节。“苫背”是指在房顶做灰背的过程，它相当于为木建筑添上防水层。有句口诀是三浆三压[11]，也就是上三遍石灰浆，然后再压上三遍。但这是个虚数。今天是晴天，干得快，三浆三压硬度就能符合[12]要求，要是赶上阴天，说不定就要六浆六压。任何一个环节的疏漏都可能导致漏雨，而这对建筑的损坏是致命的。

“工”字早在殷墟[13]甲骨卜辞[14]中就已经出现过。《周官》与《春秋左传[15]》记载[16]周王朝与诸侯都设有掌管营造的机构。无数的名工巧匠为我们留下了那么多宏伟的建筑，但却 // 很少被列入史籍，扬名于后世。

匠人之所以称之为“匠”，其实不仅仅是因为他们拥有了某种娴熟的技能，毕竟技能还可以通过时间的累积“熟能生巧”，但蕴藏在“手艺”之上的那种对建筑本身的敬畏和热爱却需要从历史的长河中去寻觅。

将壮丽的紫禁城完好地交给未来，最能仰仗的便是这些默默奉献的匠人。故宫的修护注定是一场没有终点的接力，而他们就是最好的接力者。

节选自单霁翔《大匠无名》

读音提示

1 去过 qùguo　2 修缮 xiūshàn　3 地方 dìfang
4 截头 jié tóu　5 木匠 mùjiang　6 墨斗 mòdǒu
7 杖竿 zhànggān　8 锛 bēn　9 刨 bào
10 苫背 shànbèi　11 三浆三压 sānjiāng-sānyā
12 符合 fúhé　13 殷墟 Yīnxū　14 卜辞 bǔcí
15 左传 Zuǒzhuàn　16 记载 jìzǎi

作品 6 号

立春过后，大地渐渐从沉睡中苏醒过来。冰雪融化，草木萌发[1]，各种花次第开放。再过两个月，燕子翩然[2]归来。不久，布谷鸟也来了。于是转入[3]炎热[4]的夏季，这是植物孕育[5]果实的时期。到了秋天，果实成熟[6]，植物的叶子渐渐变黄，在秋风中簌簌[7]地落下来。北雁南飞，活跃在田间草际的昆虫也都销声匿迹[8]。到处呈现[9]一片衰草连天[10]的景象，准备迎接风雪载途[11]的寒冬。在地球上温带和亚热带[12]区域里，年年如是，周而复始[13]。

几千年来，劳动人民注意了草木荣枯、候鸟去来等自然现象同气候的关系，据以安排农事。杏花开了，就好像大自然在传语[14]要赶快耕地；桃花开了，又好像在暗示要赶快种谷子。布谷鸟开始唱歌，劳动人民懂得它在唱什么："阿公阿婆，割麦插禾。"这样看来，花香鸟语，草长莺飞[15]，都是大自然的语言。

这些自然现象，我国古代劳动人民称它为物候[16]。物候知识在我国起源很早。古代流传下来的许多农谚就包含了丰富的物候知识。到了近代，利用物候知识来研究农业生产，已经发展为一门科学，就是物候学。物候学记录植物的生长荣枯，动物的养育往来，如桃花开、燕子来等自然现象，从而了解随着时节 // 推移的气候变化和这种变化对动植物的影响。

节选自竺可桢《大自然的语言》

读音提示

1 萌发 méngfā
2 翩然 piānrán
3 转入 zhuǎnrù
4 炎热 yánrè
5 孕育 yùnyù
6 成熟 chéngshú
7 簌簌 sùsù
8 销声匿迹 xiāoshēng-nìjì
9 呈现 chéngxiàn
10 衰草连天 shuāicǎo-liántiān
11 风雪载途 fēngxuě-zàitú
12 亚热带 yàrèdài
13 周而复始 zhōu'érfùshǐ
14 传语 chuányǔ
15 草长莺飞 cǎozhǎng-yīngfēi
16 物候 wùhòu

作品 7 号

当高速列车从眼前呼啸[1]而过时，那种转瞬即逝[2]的感觉让人们不得不发问：高速列车跑得那么快，司机能看清路吗？

高速列车的速度非常快，最低时速标准是二百公里。且不说能见度低的雾霾天[3]，就是晴空万里的大白天，即使是视力好的司机，也不能保证正确识别地面的信号。当肉眼看到前面有障碍时，已经来不及反应。

专家告诉我，目前，我国时速三百公里以上的高铁线路不设置[4]信号机，高速列车不用看信号行车，而是通过列控系统自动识别前进方向。其工作流程为，由铁路专用的全球数字[5]移动通信系统来实现数据传输[6]，控制中心实时[7]接收无线电波信号，由计算机[8]自动排列出每趟列车的最佳运行速度和最小行车间隔[9]距离，实现实时追踪[10]控制，确保高速列车间隔合理地安全运行。当然，时速二百至二百五十公里的高铁线路，仍然[11]设置信号灯控制装置[12]，由传统的轨道电路进行信号传输。

中国自古就有“千里眼”的传说，今日高铁让古人的传说成为现实。

所谓“千里眼”，即高铁沿线[13]的摄像头，几毫米见方的石子儿[14]也逃不过它的法眼。通过摄像头实时采集沿线高速列车运行的信息，一旦 // 出现故障或者异物侵限，高铁调度指挥中心监控终端的界面上就会出现一个红色的框将目标锁定，同时，监控系统马上报警显示。调度指挥中心会迅速把指令传递给高速列车司机。

节选自王雄《当今“千里眼”》

读音提示

1 呼啸 hūxiào
2 转瞬即逝 zhuǎnshùn-jíshì
3 雾霾天 wùmáitiān
4 设置 shèzhì
5 数字 shùzì
6 传输 chuánshū
7 实时 shíshí
8 计算机 jìsuànjī
9 间隔 jiàngé
10 追踪 zhuīzōng
11 仍然 réngrán
12 装置 zhuāngzhì
13 沿线 yánxiàn
14 石子儿 shízǐr

作品 8 号

从肇庆[1]市驱车半小时左右，便到了东郊风景名胜鼎湖山。下了几天的小雨刚停，满山笼罩[2]着轻纱似的[3]薄雾[4]。

过了寒翠桥，就听到淙淙[5]的泉声。进山一看，草丛石缝，到处都涌流着清亮的泉水。草丰林茂，一路上泉水时隐时现，泉声不绝于耳。有时几股泉水交错流泻[6]，遮断路面，我们得寻找着垫脚的石块[7]跳跃着前进。愈往上走树愈密，绿阴愈浓。湿漉漉[8]的绿叶，犹如大海的波浪，一层一层涌向山顶。泉水隐到了浓阴的深处，而泉声却更加清纯悦耳。忽然，云中传来钟声，顿时山鸣谷应，悠悠扬扬。安详厚重的钟声和欢快活泼[9]的泉声，在雨后宁静的暮色中，汇成一片美妙的音响。

我们循着钟声，来到了半山腰的庆云寺。这是一座建于明代、规模宏大的岭南[10]著名古刹[11]。庭院里繁花似锦，古树参天。有一株与古刹同龄的茶花，还有两株从斯里兰卡[12]引种[13]的、有二百多年树龄的菩提树[14]。我们决定就在这座寺院里借宿。

入夜，山中万籁俱寂，只有泉声一直传送到枕边。一路上听到的各种泉声，这时候躺在床上，可以用心细细地聆听[15]、辨识、品味。那像小提琴一样轻柔的，是草丛中流淌的小溪的声音；那像琵琶[16]一样清脆的，// 是在石缝间跌落的涧水的声音；那像大提琴一样厚重回响的，是无数道细流汇聚于空谷的声音；那像铜管齐鸣一样雄浑磅礴的，是飞瀑急流跌入深潭的声音。还有一些泉声忽高忽低，忽急忽缓，忽清忽浊，忽扬忽抑，是泉水正在绕过树根，拍打卵石，穿越草丛，流连花间……

蒙眬中，那滋润着鼎湖山万木，孕育出蓬勃生机的清泉，仿佛汩汩地流进了我的心田。

节选自谢大光《鼎湖山听泉》

读音提示

1 肇庆 Zhàoqìng　2 笼罩 lǒngzhào　3 似的 shìde
4 薄雾 bówù　5 淙淙 cóngcóng　6 交错流泻 jiāocuò liúxiè
7 石块 shíkuàir　8 湿漉漉 shīlùlù　9 活泼 huópo
10 岭南 Lǐngnán　11 古刹 gǔchà　12 斯里兰卡 Sīlǐlánkǎ
13 引种 yǐnzhòng　14 菩提树 pútíshù
15 聆听 língtīng　16 琵琶 pípá

作品 9 号

我常想读书人是世间幸福人，因为[1]他除了拥有现实的世界之外，还拥有另一个更为浩瀚[2]也更为丰富的世界。现实的世界是人人都有的，而后一个世界却为读书人所独有。由此我想，那些失去或不能阅读的人是多么的不幸，他们的丧失[3]是不可补偿的。世间有诸多[4]的不平等，财富的不平等，权力的不平等，而阅读能力[5]的拥有或丧失却体现为精神[6]的不平等。

一个人的一生，只能经历自己拥有的那一份欣悦，那一份苦难[7]，也许再加上他亲自闻知的那一些关于自身以外的经历和经验。然而，人们通过阅读，却能进入不同时空的诸多他人的世界。这样，具有阅读能力的人，无形间获得了超越有限生命的无限可能性。阅读不仅使他多识了草木虫鱼之名，而且可以上溯[8]远古下及未来，饱览存在的与非存在的奇风异俗。

更为重要的是，读书加惠于人们的不仅是知识的增广[9]，而且还在于精神的感化与陶冶[10]。人们从读书学做人，从那些往哲先贤[11]以及当代才俊[12]的著述[13]中学得他们的人格。人们从《论语[14]》中学得智慧的思考，从《史记》中学得严肃的历史精神，从《正气歌》中学得人格的刚烈，从马克思学得人世 // 的激情，从鲁迅学得批判精神，从托尔斯泰学得道德的执着。歌德的诗句刻写着睿智的人生，拜伦的诗句呼唤着奋斗的热情。一个读书人，一个有机会拥有超乎个人生命体验的幸运人。

节选自谢冕《读书人是幸福人》

读音提示

1 因为 yīnwèi
2 浩瀚 hàohàn
3 丧失 sàngshī
4 诸多 zhūduō
5 能力 nénglì
6 精神 jīngshén
7 苦难 kǔnàn
8 上溯 shàngsù
9 增广 zēngguǎng
10 陶冶 táoyě
11 先贤 xiānxián
12 才俊 cáijùn
13 著述 zhùshù
14 论语 Lúnyǔ

作品 10 号

我爱月夜，但我也爱星天。从前在家乡七八月的夜晚在庭院里纳凉[1]的时候[2]，我最爱看天上密密麻麻的繁星。望着星天，我就会忘记一切，仿佛[3]回到了母亲的怀里似的[4]。

三年前在南京我住的地方[5]有一道后门，每晚我打开后门，便看见一个静寂[6]的夜。下面是一片菜园，上面是星群密布的蓝天。星光在我们的肉眼里虽然微小，然而它使我们觉得光明无处不在。那时候我正在读一些天文学的书，也认得一些星星，好像它们就是我的朋友，它们常常在和我谈话一样。

如今在海上，每晚和繁星相对，我把它们认得很熟了。我躺在舱面上，仰望[7]天空。深蓝色的天空里悬着无数半明半昧[8]的星。船在动，星也在动，它们是这样低，真是摇摇欲坠呢！渐渐地我的眼睛[9]模糊[10]了，我好像看见无数萤火虫[11]在我的周围飞舞。海上的夜是柔和的，是静寂的，是梦幻[12]的。我望着许多认识的星，我仿佛看见它们在对我眨眼，我仿佛听见它们在小声说话。这时我忘记了一切。在星的怀抱中我微笑着，我沉睡[13]着。我觉得自己是一个小孩子，现在睡在母亲的怀里了。

有一夜，那个在哥伦波[14]上船的英国人指给我看天上的巨人。他用手指着：// 那四颗明亮的星是头，下面的几颗是身子，这几颗是手，那几颗是腿和脚，还有三颗星算是腰带。经他这一番指点，我果然看清楚了那个天上的巨人。看，那个巨人还在跑呢！

节选自巴金《繁星》

读音提示

1 纳凉 nàliáng　2 时候 shíhou

3 仿佛 fǎngfú　4 似的 shìde

5 地方 dìfang　6 静寂 jìngjì

7 仰望 yǎngwàng　8 半明半昧 bànmíng-bànmèi

9 眼睛 yǎnjing　10 模糊 móhu

11 萤火虫 yínghuǒchóng　12 梦幻 mènghuàn

13 沉睡 chénshuì　14 哥伦波 Gēlúnbō

作品 11 号

钱塘江大潮，自古以来被称为天下奇观。

农历[1]八月十八是一年一度的观潮日。这一天早上[2]，我们来到了海宁市的盐官镇，据说这里是观潮最好的地方[3]。我们随着观潮的人群，登上了海塘大堤[4]。宽阔的钱塘江横卧在眼前。江面很平静，越往东越宽，在雨后的阳光下，笼罩着一层蒙蒙的薄雾[5]。镇海古塔、中山亭和观潮台屹立[6]在江边。远处，几座小山在云雾中若隐若现。江潮还没有来，海塘大堤上早已人山人海。大家昂首东望，等着，盼着。

午后一点左右，从远处传来隆隆[7]的响声，好像闷雷滚动[8]。顿时人声鼎沸[9]，有人告诉我们，潮来了！我们踮[10]着脚往东望去，江面还是风平浪静，看不出有什么变化。过了一会儿[11]，响声越来越大，只见东边水天相接的地方出现了一条白线，人群又沸腾起来。

那条白线很快地向我们移来，逐渐拉长，变粗，横贯江面。再近些，只见白浪翻滚，形成一堵两丈多高的水墙。浪潮越来越近，犹如千万匹白色战马齐头并进，浩浩荡荡[12]地飞奔而来；那声音如同山崩地裂[13]，好像大地都被震得颤动起来。

霎时[14]，潮头奔腾西去，可是余波还在漫天卷地[15]般涌来，江面上依旧风号浪吼[16]。过了好久，钱塘江才恢复了 // 平静。看看堤下，江水已经涨了两丈来高了。

节选自赵宗成、朱明元《观潮》

读音提示

1 农历 nónglì
2 早上 zǎoshang
3 地方 dìfang
4 大堤 dàdī
5 薄雾 bówù
6 屹立 yìlì
7 隆隆 lónglóng
8 闷雷滚动 mènléi gǔndòng
9 人声鼎沸 rénshēng-dǐngfèi
10 踮 diǎn
11 一会儿 yíhuìr
12 浩浩荡荡 hàohàodàngdàng
13 山崩地裂 shānbēng-dìliè
14 霎时 shàshí
15 漫天卷地 màntiān-juǎndì
16 风号浪吼 fēngháo-lànghǒu

作品 12 号

我和几个孩子站在一片园子里，感受秋天的风。园子里长着几棵高大的梧桐树，我们的脚底下，铺了一层厚厚的梧桐叶。叶枯黄，脚踩在上面，嘎吱嘎吱[1]脆响[2]。风还在一个劲儿[3]地刮，吹打着树上可怜的几片叶子，那上面，就快成光秃秃[4]的了。

我给孩子们上写作课，让孩子们描摹[5]这秋天的风。以为他们一定会说寒冷、残酷和荒凉之类的，结果[6]却出乎我的意料。

一个孩子说，秋天的风，像把大剪刀，它剪呀剪的，就把树上的叶子全剪光了。

我赞许了这个比喻。有二月春风似剪刀之说，秋天的风，何尝不是一把剪刀呢？只不过，它剪出来的不是花红叶绿[7]，而是败柳残荷。

剪完了，它让阳光来住，这个孩子突然接着说一句。他仰向[8]我的小脸[9]，被风吹着，像只通红的小苹果。我怔住[10]，抬头看树，那上面，果真的，爬满阳光啊，每根枝条上都是。失与得，从来都是如此均衡[11]，树在失去叶子的同时，却承接了满树的阳光。

一个孩子说，秋天的风，像个魔术师，它会变出好多好吃的，菱角[12]呀，花生呀，苹果呀，葡萄呀。还有桂花，可以做桂花糕。我昨天吃了桂花糕，妈妈说，是风变出来的。

我笑了。小可爱，经你这么一说，秋天的风，还真是香的。我和孩 // 子们一起嗅，似乎就闻见了风的味道，像块[13]蒸得热气腾腾[14]的桂花糕。

节选自丁立梅《孩子和秋风》

读音提示

1 嘎吱嘎吱 gāzhī gāzhī
2 脆响 cuìxiǎng
3 一个劲儿 yígèjìnr
4 光秃秃 guāngtūtū
5 描摹 miáomó
6 结果 jiéguǒ
7 花红叶绿 huāhóng-yèlǜ
8 仰向 yǎng xiàng
9 小脸 xiǎoliǎnr
10 怔住 zhèngzhù
11 均衡 jūnhéng
12 菱角 língjiao
13 块 kuàir
14 热气腾腾 rèqì-téngténg

作品 13 号

夕阳落山不久，西方的天空，还燃烧[1]着一片[2]橘红色[3]的晚霞。大海，也被这霞光染成了红色，而且[4]比天空的景色更要壮观[5]。因为[6]它是活动的，每当一排排波浪涌起的时候，那映照在浪峰上的霞光，又红又亮，简直就像一片片霍霍燃烧着的火焰，闪烁[7]着，消失了。而后面的一排，又闪烁着，滚动着，涌了过来。

天空的霞光渐渐地淡下去了，深红的颜色变成了绯红[8]，绯红又变为浅红。最后，当这一切红光都消失了的时候，那突然显得高而远了的天空，则呈现出一片肃穆[9]的神色。最早出现的启明星，在这蓝色的天幕上闪烁起来了。它是那么大，那么亮，整个广漠[10]的天幕上只有它在那里放射着令人注目的光辉，活像一盏悬挂在高空的明灯。

夜色加浓，苍空中的“明灯”越来越多了。而城市各处的真的灯火也次第亮了起来，尤其是围绕[11]在海港周围山坡上的那一片灯光，从半空倒映[12]在乌蓝的海面上，随着波浪，晃动[13]着，闪烁着，像一串流动着的珍珠，和那一片片密布在苍穹[14]里的星斗[15]互相辉映，煞是好看。

在这幽美的夜色中，我踏着软绵绵的沙滩，沿着海边，慢慢地向前走去。海水，轻轻地抚摸[16]着细软的沙滩，发出温柔的 // 唰唰声。晚来的海风，清新而又凉爽。我的心里，有着说不出的兴奋和愉快。

夜风轻飘飘地吹拂着，空气中飘荡着一种大海和田禾相混合的香味儿，柔软的沙滩上还残留着白天太阳炙晒的余温。那些在各个工作岗位上劳动了一天的人们，三三两两地来到这软绵绵的沙滩上，他们浴着凉爽的海风，望着那缀满了星星的夜空，尽情地说笑，尽情地休憩。

节选自峻青《海滨仲夏夜》

读音提示

1 燃烧 ránshāo
2 一片 yí piàn
3 橘红色 júhóngsè
4 而且 érqiě
5 壮观 zhuàngguān
6 因为 yīnwèi
7 闪烁 shǎnshuò
8 绯红 fēihóng
9 肃穆 sùmù
10 广漠 guǎngmò
11 围绕 wéirào
12 倒映 dàoyìng
13 晃动 huàngdòng
14 苍穹 cāngqióng
15 星斗 xīngdǒu
16 抚摸 fǔmō

作品 14 号

生命在海洋里诞生[1]绝不是偶然的，海洋的物理和化学性质，使它成为孕育[2]原始生命的摇篮。

我们知道，水是生物的重要组成部分，许多动物组织的含水量在百分之八十以上，而一些海洋生物的含水量高达百分之九十五。水是新陈代谢的重要媒介，没有它，体内的一系列生理和生物化学反应就无法进行，生命也就停止。因此，在短时期内动物缺水要比缺少食物更加危险。水对今天的生命是如此重要，它对脆弱的原始生命，更是举足轻重了。生命在海洋里诞生，就不会有缺水之忧。

水是一种良好的溶剂。海洋中含有许多生命所必需的无机盐，如氯化钠[3]、氯化钾、碳酸盐[4]、磷酸盐[5]，还有溶解氧[6]，原始生命可以毫不费力地从中吸取它所需要的元素。

水具有很高的热容量[7]，加之海洋浩大，任凭夏季烈日曝晒[8]，冬季寒风扫荡，它的温度变化却比较[9]小。因此，巨大的海洋就像是天然的"温箱"，是孕育原始生命的温床。

阳光虽然为生命所必需，但是阳光中的紫外线却有扼杀[10]原始生命的危险。水能有效地吸收紫外线，因而又为原始生命提供[11]了天然的"屏障[12]"。

这一切都是原始生命得以产生和发展的必要条件。//

节选自童裳亮《海洋与生命》

读音提示

1 诞生 dànshēng
2 孕育 yùnyù
3 氯化钠 lǜhuànà
4 碳酸盐 tànsuānyán
5 磷酸盐 línsuānyán
6 溶解氧 róngjiěyǎng
7 热容量 rè róngliàng
8 曝晒 pùshài
9 比较 bǐjiào
10 扼杀 èshā
11 提供 tígōng
12 屏障 píngzhàng

作品 15 号

在我国历史地理中，有三大都城[1]密集区，它们是：关中盆地、洛阳盆地、北京小平原。其中每一个地区都曾诞生过四个以上大型王朝的都城。而关中盆地、洛阳盆地是前朝历史的两个都城密集区，正是它们构成了早期文明核心地带中最重要的内容。

为什么这个地带会成为华夏文明最先进的地区？这主要是由两个方面的条件促成的，一个是自然环境方面的，一个是人文环境方面的。

在自然环境方面，这里是我国温带季风气候带的南部，降雨、气温、土壤等条件都可以满足旱作农业的需求。中国北方的古代农作物，主要是一年生的粟[2]和黍[3]。黄河中下游的自然环境为粟黍作物的种植[4]和高产提供[5]了得天独厚的条件。农业生产的发达，会促进整个社会经济的发展，从而推动社会的进步。

在人文环境方面，这里是南北方、东西方大交流的轴心[6]地区。在最早的六大新石器文化分布形势图中可以看到，中原处于[7]这些文化分布的中央地带。无论是考古发现还是历史传说，都有南北文化长距离交流、东西文化相互碰撞的证据[8]。中原地区在空间上恰恰[9]位居中心，成为信息最发达、眼界最宽广、活动最 // 繁忙、竞争最激烈的地方。正是这些活动，推动了各项人文事务的发展，文明的方方面面就是在处理各类事务的过程中被开创出来的。

节选自唐晓峰《华夏文明的发展与融合》

读音提示

1 都城 dūchéng
2 粟 sù
3 黍 shǔ
4 种植 zhòngzhí
5 提供 tígōng
6 轴心 zhóuxīn
7 处于 chǔyú
8 证据 zhèngjù
9 恰恰 qiàqià

作品 16 号

于很多中国人而言，火车就是故乡。在中国人的心中，故乡的地位尤为重要，老家的意义非同寻常，所以，即便[1]是坐过无数次火车，但印象最深刻的，或许还是返乡那一趟车。那一列列返乡的火车所停靠的站台边，熙攘[2]的人流中，匆忙的脚步里，张望的目光下，涌动[3]着的都是思乡的情绪。每一次看见返乡那趟火车，总觉得是那样可爱与亲切，仿佛看见了千里之外的故乡。上火车后，车启动的一刹那[4]，在车轮与铁轨碰撞[5]的“况且”声中，思乡的情绪便陡然[6]在车厢里弥漫[7]开来。你知道，它将驶向的，是你最熟悉[8]也最温暖的故乡。再过几个或者十几个小时，你就会回到故乡的怀抱。这般感受，相信在很多人的身上都曾发生过。尤其在春节、中秋等传统节日到来之际，亲人团聚的时刻，更为强烈。

火车是故乡，火车也是远方[9]。速度的提升，铁路的延伸，让人们通过火车实现了向远方自由流动的梦想。今天的中国老百姓，坐着火车，可以去往九百六十多万平方公里土地上的天南地北，来到祖国东部的平原，到达祖国南方[10]的海边，走进祖国西部的沙漠，踏上祖国北方的草原，去观三山五岳[11]，去看大江大河……

火车与空 // 间有着密切的联系，与时间的关系也让人觉得颇有意思。那长长的车厢，仿佛[12]一头连着中国的过去，一头连着中国的未来。

节选自舒翼《记忆像铁轨一样长》

读音提示

1 即便 jíbiàn
2 熙攘 xīrǎng
3 涌动 yǒngdòng
4 一刹那 yíchànà
5 碰撞 pèngzhuàng
6 陡然 dǒurán
7 弥漫 mímàn
8 熟悉 shúxī
9 远方 yuǎnfāng
10 南方 nánfāng
11 三山五岳 sānshān-wǔyuè
12 仿佛 fǎngfú

作品 17 号

奶奶给我讲过这样一件事：有一次她去商店，走在她前面的一位阿姨推开沉重的大门，一直等到她跟上来才松开手。当奶奶向她道谢的时候，那位阿姨轻轻地说："我的妈妈和您的年龄[1]差不多[2]，我希望她遇到这种时候，也有人为她开门。"听了这件事，我的心温暖了许久。

一天，我陪患病[3]的母亲去医院输液，年轻的护士[4]为母亲扎了两针也没有扎进血管[5]里，眼见针眼[6]处鼓起青包。我正要抱怨几句，一抬头看见了母亲平静的眼神——她正在注视着护士额头上密密的汗珠，我不禁[7]收住了涌到嘴边的话。只见母亲轻轻地对护士说："不要紧，再来一次！"第三针果然成功了。那位护士终于长出了一口气，她连声说："阿姨，真对不起。我是来实习的，这是我第一次给病人扎针[8]，太紧张[9]了。要不是您的鼓励，我真不敢给您扎了。"母亲用另一只手拉着我，平静地对护士说："这是我的女儿，和你差不多大小，正在医科大学读书，她也将面对自己的第一个患者。我真希望她第一次扎针的时候，也能得到患者的宽容和鼓励。"听了母亲的话，我的心里充满了温暖与幸福。

是啊，如果我们在生活中能将心比心[10]，就会对老人生出[11]一份 // 尊重，对孩子增加一份关爱，就会使人与人之间多一些宽容和理解。

节选自姜桂华《将心比心》

读音提示

1 年龄 niánlíng
2 差不多 chàbuduō
3 患病 huànbìng
4 护士 hùshi
5 血管 xuèguǎn
6 针眼 zhēnyǎnr
7 不禁 bùjīn
8 扎针 zhāzhēn
9 紧张 jǐnzhāng
10 将心比心 jiāngxīn-bǐxīn
11 生出 shēngchū

作品 18 号

晋祠[1]之美，在山，在树，在水。

这里的山，巍巍的，有如一道屏障；长长的，又如伸开的两臂，将晋祠拥在怀中。春日黄花满山，径幽香远[2]；秋来草木萧疏，天高水清。无论什么时候拾级[3]登山都会心旷神怡。

这里的树，以古老苍劲[4]见长。有两棵老树：一棵是周柏[5]，另一棵是唐槐。那周柏，树干劲直[6]，树皮皱裂[7]，顶上挑着几根青青的疏枝，偃卧[8]于石阶旁。那唐槐，老干粗大，虬枝盘屈[9]，一簇簇柔条，绿叶如盖。还有水边殿外的松柏槐柳[10]，无不显出苍劲的风骨。以造型奇特见长的，有的偃如[11]老妪负水[12]，有的挺如壮士托天，不一而足。圣母殿前的左扭柏，拔地而起，直冲云霄，它的树皮上的纹理一齐向左边拧去，一圈一圈，丝纹不乱，像地下旋起了一股烟，又似天上垂下了一根绳。晋祠在古木的荫护[13]下，显得分外幽静、典雅。

这里的水，多、清、静、柔。在园里信步，但见这里一泓深潭[14]，那里一条小渠。桥下有河，亭中有井，路边有溪。石间细流脉脉[15]，如线如缕[16]；林中碧波闪闪，如锦如缎。这些水都来自“难老泉[17]”。泉上有亭，亭上悬挂着清代著名学者傅山写的“难老泉”三个字。这么多的水长流不息，日日夜夜发出叮叮咚咚的响声。水的清澈[18]真令人叫绝，无论 // 多深的水，只要光线好，游鱼碎石，历历可见。水的流势都不大，清清的微波，将长长的草蔓拉成一缕缕的丝，铺在河底，挂在岸边，合着那些金鱼、青苔以及石栏的倒影，织成一条条大飘带，穿亭绕榭，冉冉不绝。当年李白来到这里，曾赞叹说：“晋祠流水如碧玉。”当你沿着流水去观赏那亭台楼阁时，也许会这样问：这几百间建筑怕都是在水上漂着的吧！

节选自梁衡《晋祠》

读音提示

1 晋祠 Jìncí　2 径幽香远 jìngyōu–xiāngyuǎn

3 拾级 shèjí　4 苍劲 cāngjìng　5 周柏 zhōubǎi

6 劲直 jìngzhí　7 皱裂 zhòuliè　8 偃卧 yǎnwò

9 虬枝盘屈 qiúzhī pánqū　10 槐柳 huái liǔ　11 偃如 yǎn rú

12 老妪负水 lǎoyù fù shuǐ　13 荫护 yìnhù

14 一泓深潭 yì hóng shēntán　15 细流脉脉 xìliú mòmò

16 如线如缕 rú xiàn rú lǚ　17 难老泉 Nánlǎoquán　18 清澈 qīngchè

作品 19 号

人们常常把人与自然对立起来，宣称[1]要征服自然。殊不知[2]在大自然面前，人类永远只是一个天真幼稚的孩童，只是大自然机体上普通的一部分，正像一株小草只是她的普通一部分一样。如果说自然的智慧是大海，那么，人类的智慧就只是大海中的一个小水滴，虽然这个水滴也能映照大海，但毕竟不是大海，可是，人们竟然不自量力[3]地宣称要用这滴水来代替大海。

看着人类这种狂妄[4]的表现，大自然一定会窃笑[5]——就像母亲面对无知的孩子那样的笑。人类的作品飞上了太空，打开了一个个微观世界，于是人类沾沾自喜[6]，以为揭开了大自然的秘密。可是，在自然看来，人类上下翻飞[7]的这片巨大空间，不过是咫尺之间[8]而已，就如同鲲鹏[9]看待斥鷃[10]一般，只是蓬蒿[11]之间罢了。即使[12]从人类自身智慧发展史的角度看，人类也没有理由过分自傲：人类的知识与其祖先[13]相比诚然[14]有了极大的进步，似乎有嘲笑古人的资本；可是，殊不知对于后人而言我们也是古人，一万年以后的人们也同样会嘲笑今天的我们，也许在他们看来，我们的科学观念[15]还幼稚得很，我们的航天器[16]在他们眼中不过是个非常简单的 // 儿童玩具。

节选自严春友《敬畏自然》

读音提示

1 宣称 xuānchēng
2 殊不知 shūbùzhī
3 不自量力 búzìliànglì
4 狂妄 kuángwàng
5 窃笑 qièxiào
6 沾沾自喜 zhānzhān-zìxǐ
7 上下翻飞 shàngxià fānfēi
8 咫尺之间 zhǐchǐ zhījiān
9 鲲鹏 kūnpéng
10 斥鷃 chìyàn
11 蓬蒿 pénghāo
12 即使 jíshǐ
13 祖先 zǔxiān
14 诚然 chéngrán
15 观念 guānniàn
16 航天器 hángtiānqì

作品 20 号

舞台上的幕布拉开了，音乐奏起来了。演员们踩着音乐的拍子，以庄重而有节奏的步法走到灯光前面来了。灯光射在他们五颜六色的服装和头饰上，一片金碧辉煌的彩霞。

当女主角[1]穆桂英以轻盈[2]而矫健的步子出场的时候，这个平静的海面陡然[3]动荡起来了，它上面卷起了一阵暴风雨：观众像触了电似的[4]迅即[5]对这位女英雄[6]报以雷鸣般的掌声。她开始唱了。她圆润[7]的歌喉在夜空中颤动，听起来辽远而又切近[8]，柔和而又铿锵[9]。戏词像珠子似的从她的一笑一颦[10]中，从她优雅的"水袖"中，从她婀娜[11]的身段中，一粒一粒地滚下来，滴在地上，溅到空中，落进每一个人的心里，引起一片深远的回音。这回音听不见，却淹没[12]了刚才涌起的那一阵热烈的掌声。

观众像着了魔一样，忽然变得鸦雀无声。他们看得入了神。他们的感情和舞台上女主角的感情融在了一起。女主角的歌舞渐渐进入高潮。观众的情感也渐渐进入高潮。潮在涨[13]。没有谁能控制住它。这个一度平静下来的人海忽然又动荡起来了。戏就在这时候要到达顶点。我们的女主角在这时候就像一朵盛开的鲜花，观众想把这朵鲜花捧在手里，不让 // 它消逝。他们不约而同地从座位上立起来，像潮水一样，涌到我们这位艺术家面前。舞台已经失去了界限，整个的剧场成了一个庞大的舞台。

我们这位艺术家是谁呢？他就是梅兰芳同志。半个世纪的舞台生涯过去了，六十六岁的高龄，仍然能创造出这样富有朝气的美丽形象，表现出这样充沛的青春活力，这不能不说是奇迹。这奇迹的产生是必然的，因为我们拥有这样热情的观众和这样热情的艺术家。

节选自叶君健《看戏》

读音提示

1 女主角 nǚzhǔjué　　2 轻盈 qīngyíng
3 陡然 dǒurán　　4 似的 shìde
5 迅即 xùnjí　　6 女英雄 nǚyīngxióng
7 圆润 yuánrùn　　8 切近 qièjìn
9 铿锵 kēngqiāng　　10 一笑一颦 yí xiào yì pín
11 婀娜 ēnuó　　12 淹没 yānmò
13 涨 zhǎng

作品 21 号

十年，在历史上不过是一瞬间[1]。只要稍加注意，人们就会发现：在这一瞬间里，各种事物都悄悄经历了自己的千变万化。

这次重新访日，我处处感到亲切和熟悉[2]，也在许多方面发觉了日本的变化。就拿奈良[3]的一个角落来说吧，我重游了为[4]之感受很深的唐招提寺[5]，在寺内各处匆匆走了一遍，庭院依旧，但意想不到还看到了一些新的东西[6]。其中之一，就是近几年从中国移植来的“友谊[7]之莲”。

在存放鉴真[8]遗像的那个院子里，几株中国莲昂然[9]挺立，翠绿的宽大荷叶正迎风而舞，显得十分愉快。开花的季节已过，荷花朵朵已变为莲蓬累累[10]。莲子[11]的颜色正在由青转紫，看来已经成熟[12]了。

我禁不住想：“因”已转化为“果”。

中国的莲花开在日本，日本的樱花开在中国，这不是偶然。我希望这样一种盛况延续不衰。

在这些日子里，我看到了不少多年不见的老朋友，又结识了一些新朋友。大家喜欢涉及的话题之一，就是古长安和古奈良。那还用得着问吗，朋友们缅怀[13]过去，正是瞩望[14]未来。瞩目于未来的人们必将获得未来。

我不例外，也希望一个美好的未来。

为了中日人民之间的友谊，我将不会浪费今后生命的每一瞬间。//

节选自严文井《莲花和樱花》

读音提示

1 瞬间 shùnjiān
2 熟悉 shúxī
3 奈良 Nàiliáng
4 为 wèi
5 唐招提寺 Táng Zhāotí Sì
6 东西 dōngxi
7 友谊 yǒuyì
8 鉴真 Jiànzhēn
9 昂然 ángrán
10 莲蓬累累 liánpeng léiléi
11 莲子 liánzǐ
12 成熟 chéngshú
13 缅怀 miǎnhuái
14 瞩望 zhǔwàng

作品 22 号

我打猎归来，沿着花园的林阴路走着。狗跑在我前边。

突然，狗放慢脚步，蹑足潜行[1]，好像嗅到了前边有什么野物。

我顺着林阴路望去，看见了一只嘴边还带黄色、头上生着柔毛的小麻雀。风猛烈地吹打着林阴路上的白桦树[2]，麻雀从巢里跌落[3]下来，呆呆地伏在地上，孤立无援地张开两只羽毛还未丰满的小翅膀[4]。

我的狗慢慢向它靠近。忽然，从附近[5]一棵树上飞下一只黑胸脯[6]的老麻雀，像一颗石子似的[7]落到狗的跟前。老麻雀全身倒竖[8]着羽毛，惊恐万状，发出绝望、凄惨的叫声，接着向露出[9]牙齿、大张着的狗嘴扑去。

老麻雀是猛扑下来救护幼雀的。它用身体掩护着自己的幼儿……但它整个小小的身体因恐怖而战栗[10]着，它小小的声音也变得粗暴嘶哑[11]，它在牺牲[12]自己！

在它看来，狗该是多么庞大的怪物[13]啊！然而，它还是不能站在自己高高的、安全的树枝上……一种比它的理智更强烈的力量，使它从那儿扑下身来。

我的狗站住了，向后退了退……看来，它也感到了这种力量。

我赶紧唤住惊慌失措[14]的狗，然后我怀着崇敬的心情，走开了。

是啊，请不要见笑。我崇敬那只小小的、英勇的鸟儿[15]，我崇敬它那种爱的冲动[16]和力量。

爱，我 // 想，比死和死的恐惧更强大。只有依靠它，依靠这种爱，生命才能维持下去，发展下去。

节选自［俄］屠格涅夫《麻雀》，巴金译

读音提示

1 蹑足潜行 nièzú-qiánxíng
2 白桦树 báihuàshù
3 跌落 diēluò
4 翅膀 chìbǎng
5 附近 fùjìn
6 胸脯 xiōngpú
7 似的 shìde
8 倒竖 dàoshù
9 露出 lòuchū
10 战栗 zhànlì
11 嘶哑 sīyǎ
12 牺牲 xīshēng
13 怪物 guàiwu
14 惊慌失措 jīnghuāng-shīcuò
15 鸟儿 niǎo'ér
16 冲动 chōngdòng

作品 23 号

在浩瀚无垠[1]的沙漠里，有一片美丽的绿洲，绿洲里藏着一颗闪光的珍珠。这颗珍珠就是敦煌莫高窟[2]。它坐落在我国甘肃省敦煌市三危山和鸣沙山[3]的怀抱中。

鸣沙山东麓[4]是平均高度为十七米的崖壁。在一千六百多米长的崖壁上，凿有大小洞窟七百余个，形成了规模宏伟的石窟群。其中四百九十二个洞窟中，共有彩色塑像[5]两千一百余尊，各种壁画共四万五千多平方米。莫高窟是我国古代无数艺术匠师留给人类的珍贵文化遗产。

莫高窟的彩塑，每一尊都是一件精美的艺术品。最大的有九层楼那么高，最小的还不如一个手掌大。这些彩塑个性鲜明，神态各异。有慈眉善目的菩萨[6]，有威风凛凛[7]的天王，还有强壮勇猛的力士……

莫高窟壁画的内容丰富多彩，有的是描绘古代劳动人民打猎、捕鱼、耕田、收割的情景，有的是描绘人们奏乐、舞蹈、演杂技的场面，还有的是描绘大自然的美丽风光。其中最引人注目的是飞天。壁画上的飞天，有的臂挎[8]花篮，采摘鲜花；有的反弹琵琶[9]，轻拨银弦[10]；有的倒悬身子[11]，自天而降；有的彩带飘拂[12]，漫天遨游[13]；有的舒展着双臂，翩翩起舞[14]。看着这些精美动人的壁画，就像走进了 // 灿烂辉煌的艺术殿堂。

莫高窟里还有一个面积不大的洞窟——藏经洞。洞里曾藏有我国古代的各种经卷、文书、帛画、刺绣、铜像等共六万多件。由于清朝政府腐败无能，大量珍贵的文物被外国强盗掠走。仅存的部分经卷，现在陈列于北京故宫等处。

莫高窟是举世闻名的艺术宝库。这里的每一尊彩塑、每一幅壁画、每一件文物，都是中国古代人民智慧的结晶。

节选自《莫高窟》

读音提示

1 浩瀚无垠 hàohàn wúyín
2 敦煌莫高窟 Dūnhuáng Mògāokū
3 鸣沙山 Míngshā Shān
4 东麓 dōnglù
5 塑像 sùxiàng
6 菩萨 púsà
7 威风凛凛 wēifēng-lǐnlǐn
8 挎 kuà
9 琵琶 pípá
10 轻拨银弦 qīng bō yínxián
11 倒悬身子 dào xuán shēnzi
12 飘拂 piāofú
13 漫天遨游 màntiān áoyóu
14 翩翩起舞 piānpiān-qǐwǔ

作品 24 号

森林涵养[1]水源，保持水土，防止水旱灾害的作用非常大。据专家测算，一片十万亩面积的森林，相当于一个两百万立方米的水库，这正如农谚[2]所说的："山上多栽树，等于修水库。雨多它能吞，雨少它能吐。"

说起森林的功劳，那还多得很。它除了为人类提供[3]木材及许多种生产、生活的原料之外，在维护生态环境方面也是功劳卓著，它用另一种"能吞能吐[4]"的特殊功能孕育[5]了人类。因为[6]地球在形成之初，大气中的二氧化碳含量很高，氧气很少，气温也高，生物是难以生存的。大约在四亿年之前，陆地才产生了森林。森林慢慢将大气中的二氧化碳吸收，同时吐出新鲜氧气，调节气温：这才具备了人类生存的条件，地球上才最终有了人类。

森林，是地球生态系统的主体，是大自然的总调度室[7]，是地球的绿色之肺。森林维护地球生态环境的这种"能吞能吐"的特殊功能是其他任何物体都不能取代的。然而，由于地球上的燃烧物增多，二氧化碳的排放量急剧增加，使得地球生态环境急剧恶化，主要表现为全球气候变暖，水分蒸发加快，改变了气流的循环，使气候变化加剧，从而引发热浪、飓风[8]、暴雨、洪涝[9]及干旱[10]。

为了 // 使地球的这个"能吞能吐"的绿色之肺恢复健壮，以改善生态环境，抑制全球变暖，减少水旱等自然灾害，我们应该大力造林、护林，使每一座荒山都绿起来。

节选自《"能吞能吐"的森林》

读音提示

1 涵养 hányǎng
2 农谚 nóngyàn
3 提供 tígōng
4 能吞能吐 néngtūn-néngtǔ
5 孕育 yùnyù
6 因为 yīnwèi
7 调度室 diàodùshì
8 飓风 jùfēng
9 洪涝 hónglào
10 干旱 gānhàn

作品 25 号

中国没有人不爱荷花的。可我们楼前池塘中独独缺少荷花。每次看到或想到，总觉得是一块心病。有人从湖北来，带来了洪湖[1]的几颗莲子[2]，外壳呈黑色，极硬。据说，如果埋在淤泥[3]中，能够千年不烂。我用铁锤在莲子上砸开了一条缝[4]，让莲芽[5]能够破壳而出，不至永远埋在泥中。把五六颗敲破的莲子投入池塘中，下面就是听天由命了。

这样一来，我每天就多了一件工作：到池塘边上去看上几次。心里总是希望，忽然有一天，“小荷才露尖尖角”，有翠绿[6]的莲叶长出水面。可是，事与愿违[7]，投下去的第一年，一直到秋凉落叶，水面上也没有出现什么东西[8]。但是到了第三年，却忽然出了奇迹。有一天，我忽然发现，在我投莲子的地方[9]长出了几个圆圆的绿叶，虽然颜色极惹人喜爱，但是却细弱单薄[10]，可怜兮兮[11]地平卧在水面上，像水浮莲[12]的叶子一样。

真正的奇迹出现在第四年上。到了一般荷花长叶的时候，在去年飘浮[13]着五六个叶片的地方，一夜之间，突然长出了一大片绿叶，叶片扩张的速度，范围的扩大，都是惊人地快。几天之内，池塘内不小一部分[14]，已经全为绿叶所覆盖。而且原来平卧在水面上的像是水浮莲一样的 // 叶片，不知道是从哪里聚集来了力量，有一些竟然跃出了水面，长成了亭亭的荷叶。这样一来，我心中的疑云一扫而光：池塘中生长的真正是洪湖莲花的子孙了。我心中狂喜，这几年总算是没有白等。

节选自季羡林《清塘荷韵》

读音提示

1 洪湖 Hóng Hú
2 莲子 liánzǐ
3 淤泥 yūní
4 一条缝 yì tiáo fèngr
5 莲芽 liányár
6 翠绿 cuìlǜ
7 事与愿违 shìyǔyuànwéi
8 东西 dōngxi
9 地方 dìfang
10 单薄 dānbó
11 可怜兮兮 kěliánxīxī
12 水浮莲 shuǐfúlián
13 飘浮 piāofú
14 部分 bùfen

作品 26 号

在原始社会里，文字还没有创造出来，却先有了歌谣[1]一类的东西[2]。这也就是文艺。

文字创造出来以后，人就用它把所见所闻所想所感的一切记录下来。一首歌谣，不但口头唱，还要刻呀，漆呀，把它保留在什么东西上。这样，文艺和文字就并了家。

后来纸和笔普遍地使用了，而且发明了印刷术[3]。凡是需要记录下来的东西，要多少份就可以有多少份。于是所谓文艺，从外表说，就是一篇稿子，一部书，就是许多文字的集合体[4]。

文字是一道桥梁[5]，通过了这一道桥梁，读者才和作者会面。不但会面，并且了解作者的心情，和作者的心情相契合[6]。

就作者的方面说，文艺的创作决不是随便取许多文字来集合在一起。作者着手[7]创作，必然对于人生先有所见，先有所感。他把这些所见所感写出来，不作抽象的分析，而作具体的描写，不作刻板的记载[8]，而作想象的安排。他准备写的不是普通的论说文、记叙文；他准备写的是文艺。他动手写，不但选择那些最适当[9]的文字，让它们集合起来，还要审查那些写下来的文字，看有没有应当修改或是增减[10]的。总之，作者想做到的是：写下来的文字正好传达出他的所见所感。

就读者的 // 方面说，读者看到的是写在纸面或者印在纸面的文字，但是看到文字并不是他们的目的。他们要通过文字去接触作者的所见所感。

节选自叶圣陶《驱遣我们的想象》

读音提示

1 歌谣 gēyáo　　2 东西 dōngxi
3 印刷术 yìnshuāshù　　4 集合体 jíhétǐ
5 桥梁 qiáoliáng　　6 契合 qìhé
7 着手 zhuóshǒu　　8 记载 jìzǎi
9 适当 shìdàng　　10 增减 zēngjiǎn

作品 27 号

语言，也就是说话，好像是极其稀松平常[1]的事儿。可是仔细想想，实在是一件了不起的大事。正是因为[2]说话跟吃饭、走路一样的平常，人们才不去想它究竟是怎么回事儿。其实这三件事儿都是极不平常的，都是使人类不同于别的动物的特征[3]。

记得在小学里读书的时候，班上有一位“能文”的大师兄，在一篇作文的开头写下这么两句：“鹦鹉[4]能言，不离于禽[5]；猩猩[6]能言，不离于兽[7]。”我们看了都非常佩服[8]。后来知道这两句是有来历的，只是字句有些出入。又过了若干年，才知道这两句话都有问题。鹦鹉能学人说话，可只是作为现成的公式来说，不会加以变化。只有人们说话是从具体情况出发，情况一变，话也跟着变。

西方学者拿黑猩猩做实验，它们能学会极其有限的一点儿符号[9]语言，可是学不会把它变成有声语言。人类语言之所以能够“随机应变[10]”，在于一方面能把语音分析成若干音素[11]，又把这些音素组合成音节，再把音节连缀[12]起来。另一方面，又能分析外界事物及其变化，形成无数的“意念[13]”，一一配以语音，然后综合运用，表达各种复杂的意思[14]。一句话，人类语言的特点就在于能用变化无穷的语音，表达变化无穷的 // 意义。这是任何其他动物办不到的。

节选自吕叔湘《人类的语言》

读音提示

1 稀松平常 xīsōng píngcháng
2 因为 yīnwèi
3 特征 tèzhēng
4 鹦鹉 yīngwǔ
5 不离于禽 bù lí yú qín
6 猩猩 xīngxing
7 不离于兽 bù lí yú shòu
8 佩服 pèifú
9 符号 fúhào
10 随机应变 suíjī-yìngbiàn
11 音素 yīnsù
12 连缀 liánzhuì
13 意念 yìniàn
14 意思 yìsi

作品 28 号

父亲喜欢[1]下象棋。那一年，我大学回家度假，父亲教我下棋。

我们俩摆好棋，父亲让我先走三步，可不到三分钟，三下五除二，我的兵将损失大半，棋盘上空荡荡的，只剩下老帅、士和一车两卒[2]在孤军奋战。我还不肯罢休，可是已无力回天，眼睁睁[3]看着父亲“将军[4]”，我输了。

我不服气，摆棋再下。几次交锋，基本上都是不到十分钟我就败下阵来。我不禁[5]有些泄气。父亲对我说：“你初学下棋，输是正常的。但是你要知道输在什么地方[6]；否则，你就是再下上十年，也还是输。”

“我知道，输在棋艺上。我技术上不如你，没经验。”

“这只是次要因素，不是最重要的。”

“那最重要的是什么？”我奇怪地问。

“最重要的是你的心态不对。你不珍惜你的棋子[7]。”

“怎么不珍惜呀？我每走一步，都想半天。”我不服气地说。

“那是后来，开始你是这样吗？我给你计算过，你三分之二的棋子是在前三分之一的时间内丢失的。这期间你走棋不假思索[8]，拿起来就走，失了也不觉得可惜。因为[9]你觉得棋子很多，失一两个不算什么。”

我看看父亲，不好意思[10]地低下头。“后三分之二的时间，你又犯了相反的错误：对棋子过于珍惜，每走一步，都思前想后，患得患失，一个棋也不想失，// 结果一个一个都失去了。”

节选自林夕《人生如下棋》

读音提示

1 喜欢 xǐhuan

2 一车两卒 yì jū liǎng zú

3 眼睁睁 yǎnzhēngzhēng

4 将军 jiāng jūn

5 不禁 bùjīn

6 地方 dìfang

7 棋子 qízǐ

8 不假思索 bùjiǎ-sīsuǒ

9 因为 yīnwèi

10 不好意思 bù hǎoyìsi

作品 29 号

仲夏[1]，朋友相邀游十渡。在城里住久了，一旦进入山水之间，竟有一种生命复苏的快感。

下车后，我们舍弃了大路，挑选了一条半隐半现在庄稼地[2]里的小径，弯弯绕绕地来到了十渡渡口。夕阳下的拒马河慷慨地撒出一片散金碎玉[3]，对我们表示欢迎。

岸边山崖上刀斧痕[4]犹存的崎岖[5]小道，高低凸凹[6]，虽没有"难于上青天"的险恶，却也有踏空了滚到拒马河洗澡的风险。狭窄处[7]只能手扶岩石贴壁而行。当"东坡草堂"几个红漆大字赫然[8]出现在前方岩壁时，一座镶嵌[9]在岩崖间[10]的石砌茅草屋同时跃进眼底。草屋被几级石梯托得高高的，屋下俯瞰[11]着一湾河水，屋前顺山势辟出[12]了一片空地，算是院落吧！右侧有一小小的蘑菇形[13]的凉亭，内设石桌石凳，亭顶褐黄色[14]的茅草像流苏般向下垂泻，把现实和童话串成了一体。草屋的构思者最精彩的一笔，是设在院落边沿的柴门和篱笆[15]，走近这儿，便有了"花径不曾缘客扫，蓬门今始为君开"的意思。

当我们重登凉亭时，远处的蝙蝠山[16]已在夜色下化为剪影，好像就要展翅扑来。拒马河趁人们看不清它的容貌时豁开[17]了嗓门儿[18]韵味十足地唱呢！偶有不安分的小鱼儿和青蛙蹦跳 // 成声，像是为了强化这夜曲的节奏。此时，只觉世间唯有水声和我，就连偶尔从远处赶来歇脚的晚风，也悄无声息。

当我渐渐被夜的凝重与深邃所融蚀，一缕新的思绪涌动时，对岸沙滩上燃起了篝火，那鲜亮的火光，使夜色有了躁动感。篝火四周，人影绰约，如歌似舞。朋友说，那是北京的大学生们，结伴来这儿度周末的。遥望那明灭无定的火光，想象着篝火映照的青春年华，也是一种意想不到的乐趣。

节选自刘延《十渡游趣》

读音提示

1 仲夏 zhòngxià	2 庄稼地 zhuāngjiadì	3 散金碎玉 sǎnjīn–suìyù
4 刀斧痕 dāofǔhén	5 崎岖 qíqū	6 凸凹 tū'āo
7 狭窄处 xiázhǎichù	8 赫然 hèrán	9 镶嵌 xiāngqiàn
10 岩崖间 yányá jiān	11 俯瞰 fǔkàn	12 辟出 pìchū
13 蘑菇形 móguxíng	14 褐黄色 hèhuángsè	15 篱笆 líba
16 蝙蝠山 Biānfú Shān	17 豁开 huōkāi	18 嗓门儿 sǎngménr

作品 30 号

在闽西南[1]和粤东北的崇山峻岭[2]中，点缀[3]着数以千计的圆形围屋或土楼，这就是被誉为“世界民居奇葩[4]”的客家民居。

客家人是古代从中原繁盛的地区迁到南方的。他们的居住地大多在偏僻[5]、边远的山区，为了防备盗匪的骚扰[6]和当地人的排挤，便建造了营垒式住宅，在土中掺[7]石灰，用糯米饭、鸡蛋清作黏合剂[8]，以竹片、木条作筋骨，夯筑[9]起墙厚一米，高十五米以上的土楼。它们大多为三至六层楼，一百至二百多间房屋如橘瓣状[10]排列，布局均匀，宏伟壮观。大部分土楼有两三百年甚至五六百年的历史，经受无数次地震撼动、风雨侵蚀[11]以及炮火攻击而安然无恙[12]，显示了传统建筑文化的魅力。

客家先民崇尚圆形，认为圆是吉祥、幸福和安宁的象征。土楼围成圆形的房屋均按八卦布局排列，卦与卦之间设有防火墙[13]，整齐划一。

客家人在治家、处事[14]、待人、立身等方面，无不体现出明显的文化特征。比如，许多房屋大门上刻着这样的正楷对联：“承前祖德勤和俭，启后子孙读与耕”，表现了先辈希望子孙和睦相处[15]、勤俭持家的愿望。楼内房间大小一模一样[16]，他们不分贫富、贵贱，每户人家平等地分到底层至高层各 // 一间房。各层房屋的用途惊人地统一，底层是厨房兼饭堂，二层当贮仓，三层以上作卧室，两三百人聚居一楼，秩序井然，毫不混乱。土楼内所保留的民俗文化，让人感受到中华传统文化的深厚久远。

节选自张宇生《世界民居奇葩》

读音提示

1 闽西南 Mǐnxīnán
2 崇山峻岭 chóngshān-jùnlǐng
3 点缀 diǎnzhuì
4 奇葩 qípā
5 偏僻 piānpì
6 骚扰 sāorǎo
7 掺 chān
8 黏合剂 niánhéjì
9 夯筑 hāngzhù
10 橘瓣状 júbànzhuàng
11 侵蚀 qīnshí
12 安然无恙 ānrán-wúyàng
13 防火墙 fánghuǒqiáng
14 处事 chǔshì
15 和睦相处 hémù xiāngchǔ
16 一模一样 yìmú-yíyàng

作品 31 号

我国的建筑，从古代的宫殿到近代的一般住房，绝大部分[1]是对称[2]的，左边怎么样，右边也怎么样。苏州园林可绝不讲究对称，好像故意避免似的[3]。东边有了一个亭子或者一道回廊，西边决不会来一个同样的亭子或者一道同样的回廊。这是为什么？我想，用图画来比方[4]，对称的建筑是图案画，不是美术画，而园林是美术画，美术画要求自然之趣，是不讲究对称的。

苏州园林里都有假山和池沼[5]。

假山的堆叠，可以说是一项艺术而不仅是技术。或者是重峦叠嶂[6]，或者是几座小山配合着竹子花木，全在乎设计者和匠师们生平多阅历，胸中有丘壑[7]，才能使游览者攀登的时候忘却苏州城市，只觉得身在山间。

至于池沼，大多引用活水。有些园林池沼宽敞，就把池沼作为全园的中心，其他景物配合着布置。水面假如成河道模样[8]，往往安排桥梁。假如安排两座以上的桥梁，那就一座一个样，决不雷同。

池沼或河道的边沿[9]很少砌齐整的石岸，总是高低屈曲[10]任其自然。还在那儿布置几块玲珑[11]的石头[12]，或者种些花草。这也是为了取得从各个角度看都成一幅画[13]的效果。池沼里养着金鱼或各色鲤鱼，夏秋季节荷花或睡莲 // 开放，游览者看“鱼戏莲叶间”，又是入画的一景。

节选自叶圣陶《苏州园林》

读音提示

1 部分 bùfen
2 对称 duìchèn
3 似的 shìde
4 比方 bǐfang
5 池沼 chízhǎo
6 重峦叠嶂 chóngluán-diézhàng
7 丘壑 qiūhè
8 模样 múyàng
9 边沿 biānyán
10 屈曲 qūqū
11 玲珑 línglóng
12 石头 shítou
13 一幅画 yì fú huà

作品 32 号

泰山极顶看日出，历来被描绘成十分壮观的奇景。有人说：登泰山而看不到日出，就像一出大戏没有戏眼，味儿[1]终究有点[2]寡淡。

我去爬山那天，正赶上个难得的好天，万里长空，云彩丝儿[3]都不见。素常烟雾腾腾的山头，显得眉目分明。同伴们都欣喜地说："明天早晨准可以看见日出了。"我也是抱着这种想头[4]，爬上山去。

一路从山脚往上爬，细看山景，我觉得挂在眼前的不是五岳独尊的泰山，却像一幅[5]规模惊人的青绿山水画，从下面倒展开来。在画卷中最先露出[6]的是山根[7]底那座明朝建筑岱宗坊[8]，慢慢地便现出王母池、斗母宫[9]、经石峪[10]。山是一层比一层深，一叠比一叠奇，层层叠叠，不知还会有多深多奇。万山丛中，时而点染着极其工细的人物。王母池旁的吕祖殿[11]里有不少尊明塑，塑着吕洞宾等一些人，姿态神情是那样有生气，你看了，不禁[12]会脱口赞叹说："活啦。"

画卷继续展开，绿阴森森[13]的柏洞[14]露面[15]不太久，便来到对松山。两面奇峰对峙[16]着，满山峰都是奇形怪状的老松，年纪怕都有上千岁了，颜色竟那么浓，浓得好像要流下来似的。来到这儿，你不妨权当[17]一次画里的写意人物，坐在路旁的对松亭里，看看山色，听听流 // 水和松涛。

一时间，我又觉得自己不仅是在看画卷，却又像是在零零乱乱翻着一卷历史稿本。

节选自杨朔《泰山极顶》

读音提示

1 味儿 wèir
2 有点 yǒudiǎnr
3 云彩丝儿 yúncaisīr
4 想头 xiǎngtou
5 一幅 yì fú
6 露出 lòuchū
7 山根 shāngēnr
8 岱宗坊 Dàizōngfāng
9 斗母宫 Dǒumǔgōng
10 经石峪 Jīngshíyù
11 吕祖殿 Lǚzǔdiàn
12 不禁 bùjīn
13 绿阴森森 lǜyīn sēnsēn
14 柏洞 Bǎidòng
15 露面 lòumiàn
16 对峙 duìzhì
17 权当 quán dàng

作品 33 号

在太空的黑幕上，地球就像站在宇宙舞台中央那位最美的大明星，浑身散发[1]出夺人心魄的、彩色的、明亮的光芒，她披着浅蓝色的纱裙和白色的飘带，如同天上的仙女缓缓飞行。

地理知识告诉我，地球上大部分地区覆盖着海洋，我果然看到了大片蔚蓝色的海水，浩瀚[2]的海洋骄傲地披露[3]着广阔壮观的全貌，我还看到了黄绿相间[4]的陆地，连绵[5]的山脉纵横其间[6]；我看到我们平时所说的天空，大气层中飘浮[7]着片片雪白的云彩[8]，那么轻柔，那么曼妙，在阳光普照下，仿佛[9]贴在地面上一样。海洋、陆地、白云，它们呈现在飞船下面，缓缓驶来，又缓缓离去。

我知道自己还是在轨道上飞行，并没有完全脱离地球的怀抱，冲向宇宙的深处[10]，然而这也足以让我震撼了，我并不能看清宇宙中众多的星球[11]，因为[12]实际上它们离我们的距离非常遥远，很多都是以光年计算。正因为如此，我觉得宇宙的广袤[13]真实地摆在我的眼前，即便[14]作为中华民族第一个飞天的人我已经跑到离地球表面四百公里的空间，可以称为太空人了，但是实际上在浩瀚的宇宙面前，我仅像一粒尘埃。

虽然独自在太空飞行，但我想到了此刻千万 // 中国人翘首以待，我不是一个人在飞，我是代表所有中国人，甚至人类来到了太空。我看到的一切证明了中国航天技术的成功，我认为我的心情一定要表达一下，就拿出太空笔，在工作日志背面写了一句话：“为了人类的和平与进步，中国人来到太空了。”以此来表达一个中国人的骄傲和自豪。

节选自杨利伟《天地九重》

读音提示

1 散发 sànfā
2 浩瀚 hàohàn
3 披露 pīlù
4 黄绿相间 huáng-lǜ xiāngjiàn
5 连绵 liánmián
6 纵横其间 zònghéng qíjiān
7 飘浮 piāofú
8 云彩 yúncai
9 仿佛 fǎngfú
10 深处 shēnchù
11 星球 xīngqiú
12 因为 yīnwèi
13 广袤 guǎngmào
14 即便 jíbiàn

作品 34 号

最使我难忘的，是我小学时候的女教师蔡芸芝先生[1]。

现在回想起来，她那时有十八九岁。右嘴角边有榆钱大小一块[2]黑痣[3]。在我的记忆里，她是一个温柔和美丽的人。

她从来不打骂我们。仅仅有一次，她的教鞭好像要落下来，我用石板一迎，教鞭轻轻地敲在石板边上，大伙[4]笑了，她也笑了。我用儿童的狡猾的眼光察觉，她爱我们，并没有存心要打的意思[5]。孩子们是多么善于观察这一点啊。

在课外的时候，她教我们跳舞，我现在还记得她把我扮成女孩子表演跳舞的情景。

在假日里，她把我们带到她的家里和女朋友的家里。在她的女朋友的园子里，她还让我们观察蜜蜂；也是在那时候，我认识了蜂王，并且平生第一次吃了蜂蜜。

她爱诗，并且爱用歌唱的音调教我们读诗。直到现在我还记得她读诗的音调，还能背诵她教我们的诗：

圆天盖着大海，
黑水托着孤舟，
远看不见山，
那天边只有云头，
也看不见树，
那水上只有海鸥……

今天想来，她对我的接近文学和爱好文学，是有着多么有益的影响！

像这样的教师，我们怎么会不喜欢她，怎么会不愿意和她亲近呢？我们见了她不由得就围上去。即使[6]她写字的时候，我//们也默默地看着她，连她握铅笔的姿势都急于模仿。

节选自魏巍《我的老师》

读音提示

1 先生 xiānsheng
2 一块 yí kuàir
3 黑痣 hēizhì
4 大伙 dàhuǒr
5 意思 yìsi
6 即使 jíshǐ

作品 35 号

我喜欢[1]出发。

凡是到达了的地方[2]，都属于昨天。哪怕那山再青，那水再秀，那风再温柔。太深的流连[3]便成了一种羁绊[4]，绊住的不仅有双脚，还有未来。

怎么能不喜欢出发呢？没见过大山的巍峨[5]，真是遗憾；见了大山的巍峨没见过大海的浩瀚[6]，仍然[7]遗憾；见了大海的浩瀚没见过大漠的广袤[8]，依旧遗憾；见了大漠的广袤没见过森林的神秘，还是遗憾。世界上有不绝的风景，我有不老的心情。

我自然知道，大山有坎坷[9]，大海有浪涛，大漠有风沙，森林有猛兽。即便[10]这样，我依然喜欢。

打破生活的平静便是另一番景致，一种属于年轻的景致。真庆幸[11]，我还没有老。即便真老了又怎么样，不是有句话叫老当益壮吗？

于是，我还想从大山那里学习深刻，我还想从大海那里学习勇敢，我还想从大漠那里学习沉着[12]，我还想从森林那里学习机敏。我想学着品味一种缤纷[13]的人生。

人能走多远？这话不是要问两脚而是要问志向。人能攀多高？这事不是要问双手而是要问意志。于是，我想用青春的热血[14]给自己树起一个高远的目标。不仅是为了争取一种光荣，更是为了追求一种境界。目标实现了，便是光荣；目标实现不了，人生也会因 // 这一路风雨跋涉变得丰富而充实；在我看来，这就是不虚此生。

是的，我喜欢出发，愿你也喜欢。

节选自汪国真《我喜欢出发》

读音提示

1 喜欢 xǐhuan　　2 地方 dìfang
3 流连 liúlián　　4 羁绊 jībàn
5 巍峨 wēi’é　　6 浩瀚 hàohàn
7 仍然 réngrán　　8 广袤 guǎngmào
9 坎坷 kǎnkě　　10 即便 jíbiàn
11 庆幸 qìngxìng　　12 沉着 chénzhuó
13 缤纷 bīnfēn　　14 热血 rèxuè

作品 36 号

乡下[1] 人家[2] 总爱在屋前搭一瓜架，或种南瓜，或种丝瓜，让那些瓜藤[3] 攀上棚架[4]，爬上屋檐[5]。当花儿落了的时候，藤上便结[6] 出了青的、红的瓜，它们一个个挂在房前，衬着那长长的藤，绿绿的叶。青、红的瓜，碧绿的藤和叶，构成了一道别有风趣的装饰[7]，比那高楼门前蹲着一对石狮子或是竖着两根大旗杆，可爱多了。

有些人家，还在门前的场地上种几株花，芍药[8]，凤仙，鸡冠花，大丽菊，它们依着时令，顺序开放，朴素中带着几分华丽，显出一派独特的农家风光。还有些人家，在屋后种几十枝竹，绿的叶，青的竿，投下一片浓浓的绿荫[9]。几场春雨过后，到那里走走，你常常会看见许多鲜嫩[10] 的笋，成群地从土里探出头来。

鸡，乡下人家照例总要养几只的。从他们的房前屋后走过，你肯定会瞧见一只母鸡，率领一群小鸡，在竹林中觅食[11]；或是瞧见耸着尾巴[12] 的雄鸡[13]，在场地上大踏步地走来走去。

他们的屋后倘若[14] 有一条小河，那么在石桥旁边，在绿树荫下，你会见到一群鸭子游戏水中，不时地把头扎到水下去觅食。即使附近的石头上有妇女在捣衣[15]，它们也从不吃惊。

若是在夏天的傍晚出去散步，你常常会瞧见乡下人家吃晚饭 // 的情景。他们把桌椅饭菜搬到门前，天高地阔地吃起来。天边的红霞，向晚的微风，头上飞过的归巢的鸟儿，都是他们的好友。它们和乡下人家一起，绘成了一幅自然、和谐的田园风景画。

节选自陈醉云《乡下人家》

读音提示

1 乡下 xiāngxia
2 人家 rénjiā
3 瓜藤 guāténg
4 棚架 péngjià
5 屋檐 wūyán
6 结 jiē
7 装饰 zhuāngshì
8 芍药 sháoyao
9 绿荫 lǜyīn
10 鲜嫩 xiānnèn
11 觅食 mìshí
12 尾巴 wěiba
13 雄鸡 xióngjī
14 倘若 tǎngruò
15 捣衣 dǎoyī

作品 37 号

我们的船渐渐地逼近[1]榕树了。我有机会看清它的真面目:是一棵大树，有数不清的丫枝[2]，枝上又生根，有许多根一直垂到地上，伸进泥土里。一部分树枝垂到水面，从远处看，就像一棵大树斜躺在水面上一样。

现在正是枝繁叶茂的时节。这棵榕树好像在把它的全部生命力展示给我们看。那么多的绿叶，一簇堆在另一簇的上面，不留一点儿缝隙[3]。翠绿[4]的颜色明亮地在我们的眼前闪耀[5]，似乎每一片树叶上都有一个新的生命在颤动[6]，这美丽的南国的树!

船在树下泊[7]了片刻，岸上很湿，我们没有上去。朋友说这里是“鸟的天堂”，有许多鸟在这棵树上做窝，农民不许人去捉它们。我仿佛听见几只鸟扑翅[8]的声音，但是等到我的眼睛[9]注意地看那里时，我却看不见一只鸟的影子。只有无数的树根立在地上，像许多根木桩。地是湿的，大概涨潮[10]时河水常常冲上岸去。“鸟的天堂”里没有一只鸟，我这样想到。船开了，一个朋友拨着船[11]，缓缓地流到河中间去。

第二天，我们划着船到一个朋友的家乡去，就是那个有山有塔的地方。从学校出发，我们又经过那“鸟的天堂”。

这一次是在早晨，阳光照在水面上，也照在树梢[12]上。一切都 // 显得非常光明。我们的船也在树下泊了片刻。

起初四周围非常清静。后来忽然起了一声鸟叫。我们把手一拍，便看见一只大鸟飞了起来，接着又看见第二只，第三只。我们继续拍掌，很快地这个树林就变得很热闹了。到处都是鸟声，到处都是鸟影。大的，小的，花的，黑的，有的站在枝上叫，有的飞起来，在扑翅膀。

节选自巴金《鸟的天堂》

读音提示

1 逼近 bījìn
2 丫枝 yāzhī
3 缝隙 fèngxì
4 翠绿 cuìlǜ
5 闪耀 shǎnyào
6 颤动 chàndòng
7 泊 bó
8 扑翅 pūchì
9 眼睛 yǎnjing
10 涨潮 zhǎngcháo
11 拨着船 bōzhe chuán
12 树梢 shùshāo

作品 38 号

两百多年前，科学家做了一次实验。他们在一间屋子里横七竖八[1]地拉了许多绳子[2]，绳子上系[3]着许多铃铛[4]，然后把蝙蝠[5]的眼睛[6]蒙上[7]，让它在屋子里飞。蝙蝠飞了几个钟头，铃铛一个也没响，那么多的绳子，它一根也没碰着。

科学家又做了两次实验：一次把蝙蝠的耳朵塞上[8]，一次把蝙蝠的嘴封住，让它在屋子里飞。蝙蝠就像没头苍蝇[9]似的到处乱撞，挂在绳子上的铃铛响个不停。

三次实验的结果证明，蝙蝠夜里飞行，靠的不是眼睛，而是靠嘴和耳朵配合起来探路的。

后来，科学家经过反复研究，终于揭开了蝙蝠能在夜里飞行的秘密[10]。它一边飞，一边从嘴里发出超声波[11]。而这种声音，人的耳朵是听不见的，蝙蝠的耳朵却能听见。超声波向前传播时，遇到障碍物就反射回来，传到蝙蝠的耳朵里，它就立刻改变飞行的方向。

知道蝙蝠在夜里如何飞行，你猜到飞机夜间飞行的秘密了吗？现代飞机上安装了雷达，雷达的工作原理与蝙蝠探路类似。雷达通过天线发出无线电波，无线电波遇到障碍物就反射回来，被雷达接收到，显示在荧光屏上。从雷达的荧光屏[12]上，驾驶员能够清楚地看到前方有没有障碍物，所 // 以飞机飞行就更安全了。

节选自《夜间飞行的秘密》

读音提示

1 横七竖八 héngqī-shùbā
2 绳子 shéngzi
3 系 jì
4 铃铛 língdang
5 蝙蝠 biānfú
6 眼睛 yǎnjing
7 蒙上 méngshàng
8 塞上 sāishàng
9 苍蝇 cāngying
10 秘密 mìmì
11 超声波 chāoshēngbō
12 荧光屏 yíngguāngpíng

作品 39 号

北宋时候，有位画家叫张择端。他画了一幅[1] 名扬中外的画《清明上河图》。这幅画长五百二十八厘米，高二十四点八厘米，画的是北宋都城汴梁[2] 热闹[3] 的场面。这幅画已经有八百多年的历史了，现在还完整地保存在北京的故宫博物院里。

张择端画这幅画的时候，下了很大的功夫[4]。光是画上的人物，就有五百多个：有从乡下[5] 来的农民，有撑船的船工，有做各种买卖[6] 的生意人，有留着长胡子的道士[7]，有走江湖的医生，有摆小摊[8] 的摊贩，有官吏[9] 和读书人，三百六十行，哪一行的人都画在上面了。

画上的街市可热闹了。街上有挂着各种招牌[10] 的店铺、作坊[11]、酒楼、茶馆[12]，走在街上的，是来来往往、形态各异的人：有的骑着马，有的挑着担，有的赶着毛驴，有的推着独轮车，有的悠闲地在街上溜达[13]。画面上的这些人，有的不到一寸，有的甚至只有黄豆那么大。别看画上的人小，每个人在干什么，都能看得清清楚楚。

最有意思的是桥北头[14] 的情景：一个人骑着马，正往桥下走。因为[15] 人太多，眼看就要碰上对面来的一乘轿子[16]。就在这个紧急时刻，那个牧马人一下子拽住[17] 了马笼头[18]，这才没碰上那乘轿子。不过，这么一来，倒把马右边的 // 两头小毛驴吓得又踢又跳。站在桥栏杆边欣赏风景的人，被小毛驴惊扰了，连忙回过头来赶小毛驴。你看，张择端画的画，是多么传神啊！

《清明上河图》使我们看到了八百年以前的古都风貌，看到了当时普通老百姓的生活场景。

节选自滕明道《一幅名扬中外的画》

读音提示

1 一幅 yì fú
2 汴梁 Biànliáng
3 热闹 rènao
4 功夫 gōngfu
5 乡下 xiāngxia
6 买卖 mǎimai
7 道士 dàoshi
8 小摊 xiǎotānr
9 官吏 guānlì
10 招牌 zhāopai
11 作坊 zuōfang
12 茶馆 cháguǎnr
13 溜达 liūda
14 桥北头 qiáo běitou
15 因为 yīnwèi
16 一乘轿子 yí shèng jiàozi
17 拽住 zhuàizhù
18 马笼头 mǎlóngtou

作品 40 号

二〇〇〇年，中国第一个以科学家名字命名的股票“隆平[1]高科”上市。八年后，名誉董事长袁隆平所持有的股份以市值计算已经过亿。从此，袁隆平又多了个“首富科学家”的名号。而他身边的学生和工作人员，却很难把这位老人和“富翁”联系起来。

“他哪里有富人的样子。”袁隆平的学生们笑着议论。在学生们的印象里，袁老师永远黑黑瘦瘦，穿一件软塌塌[2]的衬衣。在一次会议上，袁隆平坦言[3]：“不错，我身价二〇〇八年就一千零八亿了，可我真的有那么多钱吗？没有。我现在就是靠每个月六千多元的工资生活，已经很满足了。我今天穿的衣服就五十块钱，但我喜欢的还是昨天穿的那件十五块钱的衬衫，穿着很精神[4]。”袁隆平认为，“一个人的时间和精力是有限的，如果老想着享受，哪有心思[5]搞科研？搞科学研究就是要淡泊[6]名利，踏实[7]做人”。

在工作人员眼中，袁隆平其实就是一位身板[8]硬朗[9]的“人民农学家”，“老人下田从不要人搀扶[10]，拿起套鞋，脚一蹬就走”。袁隆平说：“我有八十岁的年龄[11]，五十多岁的身体，三十多岁的心态，二十多岁的肌肉弹性。”袁隆平的业余生活非常丰富，钓鱼、打排球、听音乐……他说，就是喜欢[12]这些 // 不花钱的平民项目。

二〇一〇年九月，袁隆平度过了他的八十岁生日。当时，他许了个愿：到九十岁时，要实现亩产一千公斤！如果全球百分之五十的稻田种植杂交水稻，每年可增产一点五亿吨粮食，可多养活四亿到五亿人口。

节选自刘畅《一粒种子造福世界》

读音提示

1 隆平 Lóngpíng　　2 软塌塌 ruǎntātā
3 坦言 tǎnyán　　4 精神 jīngshen
5 心思 xīnsi　　6 淡泊 dànbó
7 踏实 tāshi　　8 身板 shēnbǎnr
9 硬朗 yìnglang　　10 搀扶 chānfú
11 年龄 niánlíng　　12 喜欢 xǐhuan

作品 41 号

北京的颐和园[1]是个美丽的大公园。

进了颐和园的大门，绕过大殿，就来到有名的长廊[2]。绿漆的柱子，红漆的栏杆，一眼望不到头。这条长廊有七百多米长，分成二百七十三间。每一间的横槛[3]上都有五彩的画，画着人物、花草、风景，几千幅画没有哪两幅[4]是相同的。长廊两旁栽满了花木，这一种花还没谢，那一种花又开了。微风从左边的昆明湖上吹来，使人神清气爽。

走完长廊，就来到了万寿山脚下。抬头一看，一座八角宝塔形的三层建筑耸立[5]在半山腰上，黄色的琉璃瓦闪闪发光。那就是佛香阁[6]。下面的一排排金碧辉煌[7]的宫殿[8]，就是排云殿[9]。

登上万寿山，站在佛香阁的前面向下望，颐和园的景色大半收在眼底。葱郁[10]的树丛，掩映[11]着黄的绿的琉璃瓦[12]屋顶和朱红的宫墙。正前面，昆明湖静得像一面镜子，绿得像一块碧玉。游船、画舫[13]在湖面慢慢地滑过，几乎不留一点儿痕迹[14]。向东远眺，隐隐约约可以望见几座古老的城楼和城里的白塔。

从万寿山下来，就是昆明湖。昆明湖围着长长的堤岸[15]，堤上有好几座式样不同的石桥，两岸栽着数不清的垂柳。湖中心有个小岛，远远望去，岛上一片葱绿，树丛中露出[16]宫殿的一角。// 游人走过长长的石桥，就可以去小岛上玩。这座石桥有十七个桥洞，叫十七孔桥。桥栏杆上有上百根石柱，柱子上都雕刻着小狮子。这么多的狮子，姿态不一，没有哪两只是相同的。

颐和园到处有美丽的景色，说也说不尽，希望你有机会去细细游赏。

节选自袁鹰《颐和园》

读音提示

1 颐和园 Yíhéyuán　　2 长廊 chángláng
3 横槛 héngjiàn　　4 哪两幅 nǎ liǎng fú
5 耸立 sǒnglì　　6 佛香阁 Fóxiānggé
7 金碧辉煌 jīnbì-huīhuáng　　8 宫殿 gōngdiàn
9 排云殿 Páiyúndiàn　　10 葱郁 cōngyù
11 掩映 yǎnyìng　　12 琉璃瓦 liúlíwǎ
13 画舫 huàfǎng　　14 痕迹 hénjì
15 堤岸 dī'àn　　16 露出 lòuchū

作品 42 号

一谈到读书，我的话就多了！

我自从会认字后不到几年，就开始读书。倒不是四岁时读母亲给我的商务印书馆出版的国文教科书第一册的“天、地、日、月、山、水、土、木”以后的那几册，而是七岁时开始自己读的“话说天下大势，分久必合，合久必分……”的《三国演义》。

那时，我的舅父杨子敬[1]先生[2]每天晚饭后必给我们几个表兄妹讲一段《三国演义》，我听得津津有味[3]，什么“宴桃园豪杰三结义，斩黄巾英雄[4]首立功”，真是[5]好听极了。但是他讲了半个钟头，就停下去干他的公事了。我只好带着对于故事[6]下文的无限悬念[7]，在母亲的催促[8]下，含泪上床。

此后，我决定咬了牙，拿起一本《三国演义》来，自己一知半解地读了下去，居然越看越懂，虽然字音都读得不对，比如把“凯”念作“岂”，把“诸[9]”念作“者”之类，因为[10]我只学过那个字一半部分。

谈到《三国演义》，我第一次读到关羽死了，哭了一场，把书丢下了。第二次再读到诸葛亮死了，又哭了一场[11]，又把书丢下了，最后忘了是什么时候才把全书读到“分久必合”的结局。

这时我同时还看了母亲针线笸箩[12]里常放着的那几本《聊斋志异》，聊斋故事是短篇的，可以随时拿起放下，又是文言的，这对于我的 // 作文课很有帮助，因为老师曾在我的作文本上批着“柳州风骨，长吉清才”的句子，其实我那时还没有读过柳宗元和李贺的文章，只因那时的作文，都是用文言写的。

书看多了，从中也得到一个体会，物怕比，人怕比，书也怕比，“不比不知道，一比吓一跳”。

因此，某年的六一国际儿童节，有个儿童刊物要我给儿童写几句指导读书的话，我只写了九个字，就是：

读书好，多读书，读好书。

节选自冰心《忆读书》

读音提示

1 杨子敬 Yáng Zǐjìng	2 先生 xiānsheng	3 津津有味 jīnjīn-yǒuwèi
4 英雄 yīngxióng	5 真是 zhēnshi	6 故事 gùshi
7 悬念 xuánniàn	8 催促 cuīcù	9 诸 zhū
10 因为 yīnwèi	11 哭了一场 kūle yì cháng	12 笸箩 pǒluo

作品 43 号

徐霞客是明朝末年的一位奇人。他用双脚，一步一步地走遍了半个中国大陆，游览过许多名山大川，经历过许多奇人异事。他把游历的观察和研究记录下来，写成了《徐霞客游记》这本千古奇书。

当时的读书人，都忙着追求科举功名，抱着“十年寒窗无人问，一举成名天下知”的观念，埋头于经书之中。徐霞客却卓尔不群[1]，醉心[2]于古今史籍及地志、山海图经的收集和研读。他发现此类书籍很少，记述简略且多有相互矛盾之处，于是他立下雄心壮志[3]，要走遍天下，亲自考察。

此后三十多年，他与长风为伍，云雾为伴，行程九万里，历尽千辛万苦，获得了大量第一手考察资料。徐霞客日间攀险峰[4]，涉危涧[5]，晚上就是再疲劳，也一定录下当日[6]见闻。即使[7]荒野露宿[8]，栖身[9]洞穴[10]，也要“燃松拾穗[11]，走笔为记”。

徐霞客的时代，没有火车，没有汽车，没有飞机，他所去的许多地方[12]连道路都没有，加上明朝末年治安不好，盗匪横行[13]，长途旅行是非常艰苦又非常危险的事。

有一次，他和三个同伴到西南地区，沿路考察石灰岩地形和长江源流。走了二十天，一个同伴难耐[14]旅途劳顿，不辞而别。到了衡阳附近[15]又遭遇土匪抢劫[16]，财物尽失，还险 // 些被杀害。好不容易到了南宁，另一个同伴不幸病死，徐霞客忍痛继续西行。到了大理，最后一个同伴也因为吃不了苦，偷偷地走了，还带走了他仅存的行囊。但是，他还是坚持目标，继续他的研究工作，最后找到了答案，推翻历史上的错误，证明长江的源流不是岷江而是金沙江。

节选自《阅读大地的徐霞客》

读音提示

1 卓尔不群 zhuó'ěr–bùqún
2 醉心 zuìxīn
3 雄心壮志 xióngxīn–zhuàngzhì
4 攀险峰 pān xiǎnfēng
5 危涧 wēijiàn
6 当日 dàngrì
7 即使 jíshǐ
8 露宿 lùsù
9 栖身 qīshēn
10 洞穴 dòngxué
11 燃松拾穗 rán sōng shí suì
12 地方 dìfang
13 横行 héngxíng
14 难耐 nánnài
15 附近 fùjìn
16 抢劫 qiǎngjié

作品 44 号

造纸术的发明，是中国对世界文明的伟大贡献之一。

早在几千年前，我们的祖先就创造了文字。可那时候还没有纸，要记录一件事情，就用刀把文字刻在龟甲和兽骨上，或者把文字铸刻[1]在青铜器上。后来，人们又把文字写在竹片和木片上。这些竹片、木片用绳子[2]穿起来，就成了一册书。但是，这种书很笨重，阅读、携带、保存都很不方便。古时候用“学富五车”形容一个人学问[3]高，是因为[4]书多的时候需要用车来拉。再后来，有了蚕丝[5]织成的帛[6]，就可以在帛上写字了。帛比竹片、木片轻便，但是价钱太贵，只有少数人能用，不能普及。

人们用蚕茧[7]制作丝绵时发现，盛放蚕茧的篾席[8]上，会留下一层薄片[9]，可用于书写。考古学家发现，在两千多年前的西汉时代，人们已经懂得了用麻来造纸。但麻纸比较[10]粗糙[11]，不便书写。

大约在一千九百年前的东汉时代，有个叫蔡伦的人，吸收了人们长期积累的经验，改进了造纸术。他把树皮、麻头、稻草、破布等原料剪碎或切断，浸在水里捣烂成浆；再把浆捞出来晒干，就成了一种既轻便又好用的纸。用这种方法造的纸，原料容易得到，可以大量制造，价格又便宜[12]，能满足多数人的需要，所 // 以这种造纸方法就传承下来了。

我国的造纸术首先传到邻近的朝鲜半岛和日本，后来又传到阿拉伯世界和欧洲，极大地促进了人类社会的进步和文化的发展，影响了全世界。

节选自《纸的发明》

读音提示

1 铸刻 zhùkè
2 绳子 shéngzi
3 学问 xuéwen
4 因为 yīnwèi
5 蚕丝 cánsī
6 帛 bó
7 蚕茧 cánjiǎn
8 篾席 mièxí
9 薄片 báopiàn
10 比较 bǐjiào
11 粗糙 cūcāo
12 便宜 piányi

作品 45 号

中国的第一大岛、台湾省的主岛台湾，位于中国大陆架的东南方，地处[1]东海和南海之间，隔着台湾海峡和大陆相望。天气晴朗的时候，站在福建沿海较高的地方[2]，就可以隐隐约约[3]地望见岛上的高山和云朵。

台湾岛形状狭长[4]，从东到西，最宽处只有一百四十多公里；由南至北，最长的地方约有三百九十多公里。地形像一个纺织用的梭子[5]。

台湾岛上的山脉纵贯[6]南北，中间的中央山脉犹如全岛的脊梁[7]。西部为海拔近四千米的玉山山脉，是中国东部的最高峰。全岛约有三分之一的地方是平地，其余为山地。岛内有缎带般的瀑布，蓝宝石似的[8]湖泊[9]，四季常青的森林和果园，自然景色十分优美。西南部的阿里山和日月潭，台北市郊的大屯山风景区，都是闻名世界的游览胜地。

台湾岛地处热带和温带之间，四面环海，雨水充足[10]，气温受到海洋的调剂[11]，冬暖夏凉[12]，四季如春，这给水稻和果木生长提供[13]了优越的条件。水稻、甘蔗[14]、樟脑是台湾的"三宝"。岛上还盛产鲜果和鱼虾。

台湾岛还是一个闻名世界的"蝴蝶王国"。岛上的蝴蝶共有四百多个品种，其中有不少是世界稀有的珍贵品种。岛上还有不少鸟语花香的蝴//蝶谷，岛上居民利用蝴蝶制作的标本和艺术品，远销许多国家。

节选自《中国的宝岛——台湾》

读音提示

1 地处 dìchǔ
2 地方 dìfang
3 隐隐约约 yǐnyǐnyuēyuē
4 狭长 xiácháng
5 梭子 suōzi
6 纵贯 zòngguàn
7 脊梁 jǐliáng
8 似的 shìde
9 湖泊 húpō
10 充足 chōngzú
11 调剂 tiáojì
12 冬暖夏凉 dōng nuǎn xià liáng
13 提供 tígōng
14 甘蔗 gānzhe

作品 46 号

对于中国的牛，我有着一种特别尊敬的感情。

留给我印象最深的，要算在田垄[1]上的一次“相遇”。

一群朋友郊游，我领头在狭窄[2]的阡陌[3]上走，怎料迎面来了几头耕牛，狭道容不下人和牛，终有一方要让路。它们还没有走近，我们已经预计斗不过畜牲[4]，恐怕难免踩到田地泥水里，弄得鞋袜又泥又湿了。正踟蹰[5]的时候，带头的一头牛，在离我们不远的地方停下来，抬起头看看，稍迟疑一下，就自动走下田去。一队耕牛，全跟着它离开阡陌，从我们身边经过。

我们都呆了，回过头来，看着深褐色[6]的牛队，在路的尽头消失，忽然觉得自己受了很大的恩惠。

中国的牛，永远沉默地为人做着沉重的工作。在大地上，在晨光或烈日下，它拖着沉重的犁[7]，低头一步又一步，拖出了身后一列又一列松土，好让人们下种[8]。等到满地金黄或农闲时候，它可能还得担当[9]搬运负重的工作；或终日绕着石磨，朝同一方向，走不计程的路。

在它沉默的劳动中，人便得到应得的收成[10]。

那时候，也许，它可以松一肩重担，站在树下，吃几口嫩草。偶尔摇摇尾巴[11]，摆摆耳朵[12]，赶走飞附[13]身上的苍蝇[14]，已经算是它最闲适的生活了。

中国的牛，没有成群奔跑的习 // 惯，永远沉沉实实的，默默地工作，平心静气。这就是中国的牛！

节选自（香港）小思《中国的牛》

读音提示

1 田垄 tiánlǒng
2 狭窄 xiázhǎi
3 阡陌 qiānmò
4 畜牲 chùsheng
5 踟蹰 chíchú
6 深褐色 shēnhèsè
7 犁 lí
8 下种 xiàzhǒng
9 担当 dāndāng
10 收成 shōucheng
11 摇摇尾巴 yáoyao wěiba
12 摆摆耳朵 bǎibai ěrduo
13 飞附 fēifù
14 苍蝇 cāngying

作品 47 号

石拱桥[1]的桥洞成弧形[2]，就像虹。古代神话里说，雨后彩虹是“人间天上的桥”，通过彩虹就能上天。我国的诗人爱把拱桥比作虹，说拱桥是“卧虹”“飞虹”，把水上拱桥形容为“长虹卧波[3]”。

我国的石拱桥有悠久[4]的历史。《水经注》里提到的“旅人桥[5]”，大约建成于公元二八二年，可能是有记载[6]的最早的石拱桥了。我国的石拱桥几乎到处都有。这些桥大小不一，形式多样，有许多是惊人的杰作。其中最著名的当推河北省赵县的赵州桥。

赵州桥非常雄伟，全长五十点八二米。桥的设计完全合乎科学原理，施工技术更是巧妙绝伦。全桥只有一个大拱，长达三十七点四米，在当时可算是世界上最长的石拱。桥洞不是普通半圆形，而是像一张弓，因而大拱上面的道路没有陡坡[7]，便于车马上下。大拱的两肩上，各有两个小拱。这个创造性的设计，不但节约了石料，减轻了桥身的重量，而且在河水暴涨[8]的时候，还可以增加桥洞的过水量，减轻洪水对桥身的冲击。同时，拱上加拱，桥身也更美观。大拱由二十八道拱圈[9]拼成，就像这么多同样形状的弓合拢[10]在一起，做成一个弧形的桥洞。每道拱圈都能独立支撑[11]上面的重量，一道坏了，其 // 他各道不致受到影响。全桥结构匀称，和四周景色配合得十分和谐；桥上的石栏石板也雕刻得古朴美观。赵州桥高度的技术水平和不朽的艺术价值，充分显示了我国劳动人民的智慧和力量。

节选自茅以升《中国石拱桥》

读音提示

1 石拱桥 shígǒngqiáo
2 弧形 húxíng
3 长虹卧波 chánghóng-wòbō
4 悠久 yōujiǔ
5 旅人桥 Lǚrénqiáo
6 记载 jìzǎi
7 陡坡 dǒupō
8 暴涨 bàozhǎng
9 拱圈 gǒngquān
10 合拢 hélǒng
11 支撑 zhīchēng

作品 48 号

不管我的梦想能否成为事实，说出来总是好玩儿的：

春天，我将要住在杭州。二十年前，旧历的二月初，在西湖我看见了嫩柳[1]与菜花，碧浪与翠竹。由我看到的那点儿春光，已经可以断定，杭州的春天必定会教人[2]整天生活在诗与图画之中。所以，春天我的家应当是在杭州。

夏天，我想青城山[3]应当算作[4]最理想的地方。在那里，我虽然只住过十天，可是它的幽静已拴住了我的心灵[5]。在我所看见过的山水中，只有这里没有使我失望。到处都是绿，目之所及，那片淡而光润[6]的绿色都在轻轻地颤动，仿佛[7]要流入空中与心中似的。这个绿色会像音乐，涤清[8]了心中的万虑。

秋天一定要住北平。天堂是什么样子，我不知道，但是从我的生活经验去判断，北平之秋便是天堂。论天气，不冷不热。论吃的，苹果、梨、柿子[9]、枣儿[10]、葡萄，每样都有若干种。论花草，菊花种类之多，花式之奇，可以甲天下。西山有红叶可见，北海可以划船——虽然荷花已残，荷叶可还有一片清香。衣食住行，在北平的秋天，是没有一项不使人满意的。

冬天，我还没有打好主意[11]，成都或者相当地合适，虽然并不怎样和暖，可是为了水仙，素心腊梅，各色的茶花，仿佛就受一点儿[12]寒 // 冷，也颇值得去了。昆明的花也多，而且天气比成都好，可是旧书铺与精美而便宜的小吃远不及成都那么多。好吧，就暂这么规定：冬天不住成都便住昆明吧。

节选自老舍《“住”的梦》

读音提示

1 嫩柳 nènliǔ　　2 教人 jiào rén
3 青城山 Qīngchéng Shān　　4 算作 suànzuò
5 心灵 xīnlíng　　6 光润 guāngrùn
7 仿佛 fǎngfú　　8 涤清 díqīng
9 柿子 shìzi　　10 枣儿 zǎor
11 主意 zhǔyi（zhúyi）　　12 一点儿 yìdiǎnr

作品 49 号

在北京市东城区著名的天坛公园东侧，有一片占地面积近二十万平方米的建筑区域，大大小小的十余栋训练馆坐落其间。这里就是国家体育总局训练局。许多我们耳熟能详[1] 的中国体育明星都曾在这里挥汗如雨[2]，刻苦练习。

中国女排的一天就是在这里开始的。

清晨八点钟，女排队员们早已集合完毕，准备开始一天的训练。主教练郎平坐在场外长椅上，目不转睛[3] 地注视着跟随助理教练们做热身运动的队员们，她身边的座位上则横七竖八地堆放着女排姑娘们的各式用品：水、护具、背包，以及各种外行人[4] 叫不出名字的东西。不远的墙上悬挂着一面鲜艳的国旗，国旗两侧是“顽强拼搏”和“为国争光”两条红底黄字的横幅[5]，格外醒目。

“走下领奖台，一切从零开始”十一个大字，和国旗遥遥相望，姑娘们训练之余偶尔一瞥[6] 就能看到。只要进入这个训练馆，过去的鲜花、掌声与荣耀皆成为历史，所有人都只是最普通的女排队员。曾经的辉煌、骄傲、胜利，在踏入这间场馆的瞬间[7] 全部归零。

踢球跑、垫球跑、夹球[8] 跑……这些对普通人而言和杂技差不多的项目是女排队员们必须熟练掌握的基本技能。接下来 // 的任务是小比赛。……

节选自宋元明《走下领奖台，一切从零开始》

读音提示

1 耳熟能详 ěrshú-néngxiáng
2 挥汗如雨 huīhàn-rúyǔ
3 目不转睛 mùbùzhuǎnjīng
4 外行人 wàihángrén
5 横幅 héngfú
6 一瞥 yì piē
7 瞬间 shùnjiān
8 夹球 jiāqiú

作品 50 号

在一次名人访问中，被问及上个世纪最重要的发明是什么时，有人说是电脑，有人说是汽车，等等。但新加坡的一位知名人士却说是冷气机。他解释，如果没有冷气，热带地区如东南亚[1]国家，就不可能有很高的生产力，就不可能达到今天的生活水准。他的回答实事求是，有理有据。

看了上述报道，我突发奇想：为什么没有记者问："二十世纪最糟糕的发明是什么？"其实二〇〇二年十月中旬，英国的一家报纸就评出了"人类最糟糕的发明"。获此"殊荣"的，就是人们每天大量使用的塑料袋[2]。

诞生于上个世纪三十年代的塑料袋，其家族包括用塑料制成的快餐饭盒[3]、包装纸、餐用杯盘、饮料瓶、酸奶杯、雪糕杯等。这些废弃物形成的垃圾，数量多、体积大、重量轻、不降解，给治理工作带来很多技术难题和社会问题。

比如，散落[4]在田间、路边及草丛中的塑料餐盒，一旦被牲畜[5]吞食，就会危及健康甚至导致死亡。填埋废弃塑料袋、塑料餐盒的土地，不能生长庄稼[6]和树木，造成土地板结，而焚烧[7]处理[8]这些塑料垃圾，则会释放出多种化学有毒气体，其中一种称为二噁英[9]的化合物[10]，毒性极大。

此外，在生产塑料袋、塑料餐盒的过 // 程中使用的氟利昂，对人体免疫系统和生态环境造成的破坏也极为严重。

节选自林光如《最糟糕的发明》

读音提示

1 东南亚 Dōngnán Yà
2 塑料袋 sùliàodài
3 饭盒 fànhé
4 散落 sànluò
5 牲畜 shēngchù
6 庄稼 zhuāngjia
7 焚烧 fénshāo
8 处理 chǔlǐ
9 二噁英 èr'èyīng
10 化合物 huàhéwù

第三章　命题说话

第一节　命题说话的要求

命题说话的测试目的是测查应试者在无文字凭借的情况下说普通话的水平，重点测查语音标准程度、词汇语法规范程度和自然流畅程度。说话话题从《普通话水平测试用话题》中选取，应试者从给定的两个话题中选定一个话题，连续说一段话。

一、无文字凭借

命题说话为应试者单向说话。命题说话时完全无文字凭借，不允许应试者将与命题说话的话题有关的资料带进考场。应试者对即将发出的音节无法充分准备，一边说话，一边斟酌发音，一边考虑说话的内容，组织恰当的语句，这样更容易导致语音错误和语音缺陷。没有了文字凭借，应试者更接近平时的语言状态，语音错误和缺陷也更容易暴露出来。

二、语音标准

应试者应试时，普通话的声、韵、调要正确；变调、儿化、轻声以及语气词“啊”的音变要恰当；语调平稳自然；能够按照普通话的口语语调来说话，不带有朗读和背诵的腔调。

三、词汇语法规范

命题说话虽然预先有一定的时间准备，但仍属于即兴说话。在没有文字凭借的情况下，应试者一方面要注意语音是否标准，另一方面又要注意词汇语法的规范，的确有些难度。而普通话水平测试命题说话中必须测查应试者的语法、词汇是否符合普通话的规范，应试者只能根据要求来准备说话的内容，使用普通话的词汇和语法格式，不使用典型的方言词汇和方言语法格式。

四、自然流畅

要求应试者语言自然流畅，口语化，语言连贯、不生硬，没有背稿子的表现。有的应试者说话时找不到合适的词语，话语不清晰、不流畅，结结巴巴，断断续续。还有应试者提前将话题内容写成文稿背下来。这些情况都是会被扣分的，在应试中应该尽量避免。

五、说满 3 分钟

说满 3 分钟，并且要有一定的信息量。说话不足 3 分钟，是要酌情扣分的。有些应试者由于准备不充分，命题说话时没有具体内容，或者只开了个头就无话可说了，只好东拉西扯或简单重复相同的内容。比如，有应试者就“童年生活”说话：“我的童年有许多事情使我至今难忘。小时候，我的奶奶给我讲了个故事：从前有座山，山上有座庙，庙里有个老和尚，老和尚说：从前有座山，山上有座庙……”还有些应试者实在说不下去，干脆放弃。这些情况都会被大量扣分。

第二节　命题说话常见问题

一、命题说话的重要性

命题说话是普通话测试中的关键环节，分值高，难度大，容易暴露应试者自身的缺点，也是最容易失分的一项，一向是测试培训辅导的重中之重。命题说话是对应试人的心理素质以及普通话准确程度、熟练程度和规范程度的综合考查。

为了深入了解命题说话项的评测情况，笔者对全国上万名测试对象在该项的测试情况进行了细致的分析。结果显示：非语音失误比例达到了47.6%，也就是说有近一半应试人因非语音失误而被扣分，这个比例非常高，很大程度上影响了应试人的最终成绩。如果能减少非语音失误，那么很多应试人就能够取得理想成绩。

二、命题说话非语音失误分析

在普通话水平测试中，命题说话常见非语音失误有如下几个方面：

（一）词汇、语法不规范

1. 滥用网络流行语言

如今的网络十分发达，各种流行语言、网络语言和缩略语层出不穷，很多应试人时常使用，比如“996”（互联网企业加班文化）、“上头”（表达某一事物让人产生冲动、惊讶等情绪）等网络词语。虽然有些网络用语在社会上使用广泛，为大众普遍接受，但是绝大多数是没有生命力的，是不规范的用语，还需要接受时间的检验，所以应该尽量少用或者不用。

2. 误用方言

比如话题“尊敬的人”，有应试人说：“我老爸会烧许多菜，好吃得来！”“好吃得来”这一上海方言中的典型语法结构其实是病句。又如话题“我喜爱的动物”，有应试人说：“我养了一只狗，实在是逗人爱！”像这种长沙方言中的典型词语，在测试中是要被扣分的。

（二）语言表达不够自然流畅

自然流畅主要体现在两个方面：一是指表达要口语化，没有书面色彩和背稿子的表现；二是指语流顺畅、语言连贯、语调不生硬。在所有的非语音失误中，自然流畅度的扣分是比较多的。主要问题表现为以下几个方面：

1. 背稿

有一些应试人往往“有背而来”，直接背稿子，结果就把命题说话变成了背诵稿子。这是不可取的。普通话水平测试评分细则中关于命题说话的评分中有这样一条规则：（自然流畅程度中第二档）语言基本流畅，口语化较差，有背稿子的表现，扣 0.5 分、1 分。

2. 雷同

很多应试人喜欢从网上搜索话题资料，而网上的很多范文资料大同小异。避免雷同的方法是现身说法，说自己的经历、故事、见解，这样还能避免忘词，比强行记忆背诵别人的文章容易得多。

3. 书面语

例如，有应试人抽到话题“印象深刻的书籍（或报刊）”，就说：“书的海洋，真可谓五彩缤纷、琳琅满目，有的人喜欢读往圣先贤的经典著作，有的人喜欢充满思辨性、浪漫性的文学书籍，有的人喜欢严肃的历史书籍，我则喜欢博采中外、荟萃精华、启迪思想、开阔眼界的《读者》。”这段话虽然语句连贯，思路顺畅，但书卷味十足，不够口语化，使“说话”听起来极不自然。

4. 口头语

口头语不等于口语化，更不是口头禅。有的应试人在说话的过程中，加上一些“嗯嗯”“啊啊”之类的口头禅，或是拿腔拿调，以为这样就比较口语化了，这是不可取的。

5. 语速不当

命题说话需要连续不断地说满 3 分钟，很多应试人没有这么多话语来填充这“漫长”的 3 分钟。有的在电脑面前控制不住自己的语速，紧张之下越说越快，以至于原本 3 分钟的话题内容，2 分钟就说完了，导致失误频繁出现，最终以缺时结束。有的应试人为了说满 3 分钟，故意放慢语速，甚至几个字一停顿，以至于见字不见篇，虽说时间凑够了 3 分钟，但是出现了语音不流畅的问题。这些都是要被大量扣分的。

（三）缺时

命题说话评分标准规定，说话不足 3 分钟，酌情扣分。有的应试人紧张或准备不充分，导致没能说满 3 分钟。有的应试人为了“凑满”3 分钟，在说话过程中多处非正常语流停顿，断续缺时，其实这种断续缺时也是要累计时间的，而且停顿多了也会影响说话的整体流畅度。

（四）离题

比如，有应试人抽到话题“尊敬的人”，就说：“我尊敬的人是我的爸爸，我爸爸很会烧菜，我最喜欢的一道菜是红烧狮子头……”然后就开始详细介绍红烧狮子头是怎么做出来的。这种生硬的过渡衔接，最终会被判定为离题。

（五）无效话语

无效话语主要是指出现与测试话题不相关的话语、多次简单重复相同的语句、内容信息量太少等情况。比如，曾有应试人在“难忘的旅行”中说道：“我和我爸爸、我和我妈妈、我和我爸爸的同事、我和我妈妈的同事、我和我哥哥的同学……”然后一直简单重复类似的称谓，直到最后几秒结尾：“……我们一起去黄山旅行。”这些都是应试人认识存在误区、准备不充分导致的。

（六）操作失误

部分应试人在面对电脑时紧张，加之对测试程序、测试规则不够熟悉，导致不必要的失误。

第三节　命题说话应试策略

一、有序组织语言，注意口语化表达

应试人要树立正确的认识：命题说话不是命题作文，也不是测试口才。命题说话重点测查语音标准程度、词汇语法规范程度和自然流畅程度。因此，简单的口语表达即可。

词汇方面应使用口语化表达。例如：书面语称呼“父亲”“母亲”“祖父”“祖母”，口语中一般称呼“爸爸”“妈妈”“爷爷”“奶奶”。

句式的要求：命题说话作为文学语言的口语形式，具有谈话体的特点，应避免繁杂句式的使用，多用短句、简单句。

语篇的构成：口语语体中，应试人在说话过程中宜采用“直线型”“流水型”的策略。比如，在说到“我的学习生活”这一题目时，应试人可以从小学一直说到大学，进行“流水型”的叙述。又如，说到“我喜爱的季节”时，应试人可从春季说到冬季。

二、灵活把握题目，不要过于拘谨

普通话水平测试用的50个话题，大体可以分为叙述描写、介绍说明、议论评说三类。这50个话题涵盖内容虽广，但都很生活化，一个说话材料可以出现在多个话题中，即多个话题可以使用同一个材料。一般来说，叙述型的话题表达起来相对简单一些，议论型的话题难一些，应试人可以将议论型的话题巧妙地转换成叙述型的，以降低难度。比如，“谈个人修养”“谈传统美德”“对环境保护的认识”“谈谈卫生与健康”这几个话题就可以用故事、用叙述的方式说出来。

三、列提纲，打腹稿

无论是说人、说事，还是说景、说物，或者议论评说的话题，都可以先列一个提纲，再围绕提纲打一个腹稿。这样就可以有效避免逻辑混乱、没有头绪的问题。用提纲加腹稿的方式组合材料，可以丰富说话内容，提升说话流畅度。

在命题说话时，应试人不必拘泥于特定顺序，可以根据自己的实际情况灵活把握结构，组合材料，丰富说话内容。

四、用第一人称讲故事

在命题说话时，应试人要使用第一人称讲述，这样便于直接表达内容。而且，说自己生活中的事思路会更清晰，表达更流畅。

五、熟练掌握测试流程，避免操作失误

普通话测试站对参加测试的人员在测前都会进行考前培训辅导。可以先了解一下普通话水平测试的全过程，做好相应准备，以便到考场上不至于因为某个环节和预想的情况不一致而手忙脚乱、无所适从。

第四节　普通话水平测试用话题

说明：

本材料共有话题 50 例，供普通话水平测试“命题说话测试”部分使用。本材料仅是对话题范围的规定，并不规定话题的具体内容。

1. 我的一天
2. 老师
3. 珍贵的礼物
4. 假日生活
5. 我喜爱的植物
6. 我的理想（或愿望）
7. 过去的一年
8. 朋友
9. 童年生活
10. 我的兴趣爱好
11. 家乡（或熟悉的地方）
12. 我喜欢的季节（或天气）
13. 印象深刻的书籍（或报刊）
14. 难忘的旅行
15. 我喜欢的美食
16. 我所在的学校（或公司、团队、其他机构）
17. 尊敬的人
18. 我喜爱的动物
19. 我了解的地域文化（或风俗）
20. 体育运动的乐趣
21. 让我快乐的事情
22. 我喜欢的节日
23. 我欣赏的历史人物
24. 劳动的体会
25. 我喜欢的职业（或专业）
26. 向往的地方

27. 让我感动的事情
28. 我喜爱的艺术形式
29. 我了解的十二生肖
30. 学习普通话（或其他语言）的体会
31. 家庭对个人成长的影响
32. 生活中的诚信
33. 谈服饰
34. 自律与我
35. 对终身学习的看法
36. 谈谈卫生与健康
37. 对环境保护的认识
38. 谈社会公德（或职业道德）
39. 对团队精神的理解
40. 谈中国传统文化
41. 科技发展与社会生活
42. 谈个人修养
43. 对幸福的理解
44. 如何保持良好的心态
45. 对垃圾分类的认识
46. 网络时代的生活
47. 对美的看法
48. 谈传统美德
49. 对亲情（或友情、爱情）的理解
50. 小家、大家与国家

第三部分

说好听的普通话

第一章　科学练声　练就魅力好嗓音

第一节　练声的注意事项

一、练声的目的

练声是运用科学系统的方法和材料，对具有一定先天条件的人，开发其发声器官潜在能力的声音训练过程。科学的练声过程是理论与实践、方法与效果高度统一的过程。在这里需要说明的是，对于以嗓音为表现手段的艺术，我们可以把它们大体归纳为两类：一类是唱的艺术，另一类是说的艺术。我们这里所要讲的全部限定在说的艺术这个范畴之内，适用于从事播音主持、配音、朗诵、演讲等工作的专业人员、自媒体人、声音爱好者，也适用于广大教师。

二、练声的原则

练声的原则是每一名练声者都必须首先注意的。它包括以下几个方面：

一是，练声要在一定的理论知识的基础上进行。也就是说，要用理论去指导实践，不能盲目地练。若没有专业人士的科学指导，盲目地练，不但无法练就好声音，反而容易对嗓子造成不可逆的损伤。这一点是十分重要的！

二是，要结合练声者的具体发声条件。需要明确的是，每个人的发声能力是有强弱差异的，我们应该客观看待这个问题。要在专业训练过程中掌握科学方法，保护发声器官，不能盲目攀比声音的大小或质量，要从自身条件出发，做到量力而行、科学训练。

三是，要结合有声语言艺术和普通话语音特点的规律。要明白，练声最终是为了语言的表达与传播。

四是，训练要坚持不懈，持之以恒。播音与主持属于“口耳之学”，同话剧、曲艺等有声语言艺术门类一样，从业人员必须经过不断训练，在训练过程中，多思考、多揣摩，不断优化练声效果，使专业能力得到提高和拓展。

五是，训练中要做到状态积极、量力而行、循序渐进。要把基本功训练与实践应用紧密地联系起来，要通过练功和有声语言实践两个方面来提高嗓音质量和发声能力。

三、练声的时间

练声的时间在一定程度上影响练声的效果。因此，有必要在这里做简要的说明。一般都认为早晨练声比较好，实际上练声时间的选择和练声效果之间没有必然的联系。什么时间练可以因人而异，只要能把练声作为正常作息安排的一部分，天天去练，不间断，就可以了。如果在睡眠过后练声，那么要注意先经过一些轻缓的运动，把身体活动开，特别是要使大脑由抑制状态转入兴奋状态。

至于练声时间的长短，应该根据嗓子的承受能力和练声的效果来定。对于初学者来说，时间可以短一些，比如每次十五到二十分钟就可以了；次数可以多一些，每天练三到四次为好。随着嗓子承受能力的提高，可以逐步延长时间和减少次数。

另外，每次练声不必强求时间划一，也就是说不用每次都练四十分钟或者三十分钟。这取决于练声者的自我感觉。感觉比较好、效果明显的时候，可以适当延长时间；相反，感觉不好、一时不见效果的时候，就可以停下来另找时间练习。这样做有助于稳定练声时的心态，对提高练声效果是有积极意义的。

四、练声的地点

练声的地点应该选择噪声比较小、没有明显回音的地方，比如公园。由于发声环境影响听觉反馈，所以最好不要频繁地更换练声地点。天气不好、气温比较低的时候，应该选择在适当的室内场地练声。

五、练声的内容

练声的基本内容应该包括常规练习和特殊练习两个部分。所谓常规练习，就是每天都要进行的，针对气息控制、口腔控制、共鸣控制等发声各方面控制能力的发展所编排的练习。所谓特殊练习，是针对发声当中存在的各种问题所进行的练习。我们这里所提及的练声方法都是在没有老师面对面指导的情况下可以自己练的方法。

第二节 嗓音保护

嗓音保护最根本的一条就是正确用声。凡是有不正确发音习惯的练声者，要尽快改掉毛病，掌握科学的发声方法，并且要使它日臻完善。嗓音是练出来的，不是养出来的。

另外，要避免超时、超量、超负荷工作。在嗓子疲劳的时候，可以用气泡音来帮助消除疲劳。气泡音是在声带全振、气息流量最小、压力最自然的状态下发出的，是一种很好的整理运动。在练声之前，也可以先发发气泡音，作为准备工作。

除了注重掌握科学发声方法以外，为了保护嗓音，防止疾患，还需要在日常生活当中，注意到以下几点：

（1）发声器官的健康。它是依赖于整个身体状况的。虽然日常体育锻炼是很必要的，但是要注意采取适当的运动方式，诸如长期进行举重、推铅球、短跑、长跑等激烈的运动就不太适合。特别是在练声的前后，更不要进行激烈的运动。

（2）精神上要有张有弛，保证心理健康。神经衰弱会使发声器官失调，造成喉肌弱症、喉神经瘫痪和声嘶等现象。精神长期处于紧张状态，发声的时候心理负担过重，容易形成心理源性发声障碍，以致出字迟缓，不能控制地重复发音，出现音哑、声嘶，甚至完全失声。

（3）睡眠要充足。睡眠不足会引起声带充血、喉肌疲劳，致使声音黯淡嘶哑。

（4）要避免烟酒刺激。抽烟会使声带黏膜干燥、充血、肥厚，使喉下分泌物增多，从而引起声音变低、音色暗哑等。饮酒除了对喉部有直接刺激以外，还会使大脑和发声器官功能失调。这一点是要特别注意的。

（5）饮食要适量。避免进食自己不习惯的刺激性食物，比如有的人吃含糖量比较高的食物，会引起暂时性的不适应，不习惯就不要食用。

（6）妇女经期经常伴有声带充血、水肿、声音嘶哑这样一些问题，这时候就要减少用声一两天。如果儿童正处在变声期，那么用声要适度，避免高喊。

（7）要谨慎用药。治疗急性炎症，最好不要使用激素类药物。应该禁止无病服药，用药要小心。

第二章　巧用气息　让声音持久动听

第一节　胸腹联合式呼吸法

没有气息，声带就不能振动发声。气息控制能力的强弱对有声语言艺术来说十分重要。人们日常的呼吸比较平稳，也比较浅。有声语言艺术发声的气息则变化很多，日常的呼吸是远远不能满足有声语言艺术创作所需的。有声语言艺术创作者必须通过学习和锻炼，掌握科学的呼吸方法，不断提高自己的气息控制能力。

有声语言最科学的发声方法是胸腹联合式呼吸法。从字面上看，这种方法和胸腹有关，的确，它调动了所有胸腹的呼吸肌肉一起运动，不仅扩大了胸腔的容量，而且便于控制胸廓打开，用腹部肌肉和软肋内的肌肉支撑控制气息，推动气息。

胸腹联合式呼吸能够供应稳定、扎实、持久的气息。气息就好比是声音的润滑油，有了它，我们的声音就会如珠如流了。

如果把肺部看作一个气球的话，那么这个气球始终在勤奋地工作着，它不停地充满气体，然后又排出气体。呼吸是在双重作用下进行的活动，它是自动进行的，但又不像心脏跳动那样完全不能被意识控制；在一定限度之内，呼吸的深度和频率是可以改变的。

胸腹联合式呼吸动用了胸腔前后左右的力量，不仅让肺部这个气球充满了气，气息活动更深入了，还使得这个气球周围的力量均衡对抗，表现为扎实稳定的扩张。吸进来的是气，发出去的是声，这样呼吸就会产生持久、稳定、扎实的气息。

一、呼吸肌的训练

要获得较好的胸腹联合式呼吸的发声效果，我们首先要锻炼好和呼吸有关的肌肉，最关键的有两个地方：一个是腹肌，另一个是膈肌。我们要经常进行体育锻炼，保证有良好的体能和发达的肌肉。另外，我们还应该有意识地进行局部的训练，比如腹肌和膈肌弹发，经常进行这样的训练就很好。

1. 腹肌弹发

发出气息的时候使气息成为音束，通畅地通过喉部集中打在硬腭前端，再透出口外。下巴是松的，喉部是立的，音束不受任何阻碍，打在硬腭前端。例如：

ha—hei—huo　　ha—hei—huo

此时，后腹部的肌肉就会收紧。有这种爆发力的控制状态，就是腹肌的弹发。

2. 膈肌弹发

膈肌是呼吸的核心肌肉，它在胸腔和腹腔中间。膈肌好像是我们人体的一个活塞，它弹动灵活有力，会使我们获得有弹性、圆润的声音效果。所以，我们要经常练习膈肌弹发。例如：

hei—hei—hei—hei　　ha—ha—ha—ha

听起来有点像京剧里老生的笑似的。我们在练习的时候要有意识地进行高高低低、强强弱弱、虚虚实实的变化训练，这样时间久了，膈肌就具备灵活性了。

二、喊操口令

1234—2234—3234—4234

声音圆润、有力度，结合腹肌的弹发，在练习当中也可以进行进一步的拓展。比如，我们抓住中间的一个音节：

2—2—2—2—2—2

2—ha　　2—hei

再进行高高低低的变化练习：

ha—ha—ha　　hei—hei—hei

第二节　气息训练

一、基本要领

吸气的要领是：要把气吸到肺底，两肋打开，腹壁站定。站姿和坐姿都可以，首要的是肩要放平放正，放松，背部要挺直，眼睛平视前方，下巴微收，就像闻着空气中飘来的香气一样。这样就把气吸到了肺底。同时，腹壁肌肉抓住站定。记住，在吸气的过程中，肩始终保持一种平而松、展的状态，不要耸肩或者紧张。气沉到了肺底以后，有一种两肋向外扩充的感觉，如果你扎着腰带的话，会感觉腰带绷紧了，尤其是后腰有向外张开的感觉。保持住这种状态，小腹随着吸气过程的结束而站定，不要快速地呼气放松，要坚持 5～10 秒，这样就会产生稳进、持久有力的气息基础。

还有一种气息感觉的训练方法。想象你的膈肌随着吸气像一把伞一样撑开了，你的胸廓内廓随之展开，肩同样是放松放平，脊椎就像伞的柄，伞柄的底部就是你的小腹，丹田处握紧。这也是吸气的一种扩展的感觉。在呼出的过程中需要我们进行全程控制，也就是说我们不是在练憋气。气息要畅通、均匀、灵活地运用，这才是最根本的。气息的控制，意味着呼气时不能一下子放松两肋，把体内的气息全部吐出去，而是有意识地加以控制，掌握呼出的速度和时间的长度，始终保持两肋向外扩张的力量和小腹微收站定的状态，即我们身体这个气球如果向外撒气的话，是一点点地撒气，在向外撒气的同时还有吸气的动作，这样就形成了呼气肌群和吸气肌群的对抗状态。

二、呼吸训练

1. 搬重物

体会搬重物的时候，腰、腹、后背、两肋都在向外支撑打开的感觉。

2. 闻花香

体会气息沉入肺底、两肋向外打开的感觉。掌握胸腹联合式呼吸的要领，也就是气息的总开关在我们的丹田处，配合丹田气息来控制腰部的重心，腰部重心要稳，两肋及胸廓有支撑感，气集丹田，胃部肌肉有锁住的感觉，肩颈、喉部都放松。

3. 吹灰训练

吸一口气，沉到肺底，两肋支撑，腹壁站定，肩颈放松，好像我们面前有一层薄薄的灰，需要我们轻轻地把它吹散了。

4. 慢吸慢呼，发“丝”声

像蚕在吐丝的样子，慢吸慢呼，发“丝”声。随着向外呼出气息，保持两肋的支撑感。

5.“打嘟噜”训练

像玩游戏一样来“打嘟噜”。这种控制训练使我们的呼出气流和胸腹肌肉的控制产生一种恰到好处的对抗状态，在这个基础上我们再进行变化的训练。

6. a、lü、yi 的延长音训练

发 a 的时候，口形的控制很关键：嘴角上抬，露出牙齿的一半，松下巴，舌头平放，轻碰下齿背，舌面不凸也不凹，发出的气流在硬腭前端形成音束再透出口外。

a—a—a—a—a—a

lü—lü—lü—lü—lü—lü—lü—lü

yi—yi—yi—yi—yi—yi—yi—yi

训练时，在基本功还不够扎实的时候，会出现这样一种情况，也就是在发音的过程中，身体像泄了气的皮球一样变得越来越憋得慌，这是不对的。随着气流向外流动，身体要向外扩展，保持吸气肌群和呼气肌群的对抗状态。这是胸腹联合式呼吸的基本训练。

7. 慢吸慢呼与快吸慢呼，数数

根据胸腹联合式呼吸的吸气动作要领，吸气至七八成满，匀速而持久地数数：

1　2　3　4　5　6　7　8　9　10

在数数的过程中不换气，也不再吸气，小腹形成微微收缩的样子，两

肋向外支撑，不偷气、不漏气。数数的过程中要放松、自然，好像在点数一样，比如在数自己有几个好朋友。

刚开始在这样的控制下，可能数不了几个。随着控制能力的增强，女同学能数到 25 个左右，男同学能数到 35 个左右。

8. 慢吸慢呼，数葫芦

数葫芦

这样数：一口气数不完二十四个葫芦，一个葫芦、两个葫芦、三个葫芦、四个葫芦、五个葫芦、六个葫芦、七个葫芦、八个葫芦、九个葫芦、十个葫芦、十一个葫芦、十二个葫芦、十三个葫芦、十四个葫芦、十五个葫芦……

在进行数葫芦训练的时候，不要贪多而数不清楚，要保证均匀圆润、颗粒饱满，主要练习的是气息控制，而不是追求葫芦数量的多少，循序渐进地训练。

9. 慢吸快呼，结合绕口令练习

缓缓地吸入一口气，然后快速地进行发声。例如：

班干部让班干部管班干部，班干部管班干部，班干部不让班干部管班干部，班干部不管班干部。

吃葡萄不吐葡萄皮儿，吃葡萄不吐葡萄皮儿，吃葡萄不吐葡萄皮儿，吃葡萄不吐葡萄皮儿，吃葡萄不吐葡萄皮儿，吃葡萄不吐葡萄皮儿……

三、换气练习

播出的内容千变万化，我们不可能一个音节或句子拖得很长而不再换气。所以，平时必须进行换气的练习。

换气也就是补气的过程，根据感情和内容的需要以及层次和节奏的需要来进行气息的补充，在恰当的语节的地方设上气口，做到先走气后发声、声停气站、以气托声。

如果我们把火车比喻成我们发出的有声语言的声音的话，这列火车没有铁轨会怎么样？气息就像火车下面的铁轨，它拖着火车这个声音向前奔跑。所以，气息是拖着声音向前走的最重要的依托。

我们也可以这样设想：声音是船，河流是气息，河流的水拖着船向前移动。这样，我们就知道了气息在发声时所扮演的角色了。发声的时候，要先走气再发声，发完声时气息要保持圆满，然后再换气发下面的声音。

还是这个绕口令的训练：

班干部让班干部管班干部，班干部管班干部，班干部不让班干部管班干部，班干部不管班干部。

在这个绕口令中，在每一个句子中间，都有一次偷气的设定。偷气是不被人察觉的不露痕迹的一种换气。

气息控制十分重要。掌握了气息控制的基础训练方法后，如果能够坚持训练，我们对气息的控制能力会逐步增强，获得稳定、扎实、持久、有力而富于变化的声音。

第三章　用好口腔　让说话字正腔圆

第一节　口部训练

发声时，气息作为动力通过喉部振动声带产生基础音。基础音经过口腔、胸腔和鼻腔的共鸣得以扩大和美化，最终通过口腔构音器官（如唇、舌、齿）的调节形成清晰的吐字。

口腔控制是声音造型的最后一个关口，非常重要。口腔的肌肉和构造口的开合大小，以及舌头的灵活度和力度、唇的力度决定了口腔的声音造型。

在发音过程中，每个音节都能呈圆滑的枣核形发音，这也是一种控制。还有牙关开合要柔滑，气息在口腔里面的控制要集中，在发声过程中整个精神状态要集中，这些都是口腔控制的总体要求。

学习口腔控制的第一步是练习口部操，主要有以下几个方面。

一、口的开合练习

1. 咀嚼练习

嘴角咧开，缩舌，用力做咀嚼动作。张口咀嚼与闭口咀嚼结合练习，每次做口部操的时候尽量多做几次。

2. 张嘴像打哈欠

感觉上下牙连接点好像有一种控制力，由那里来控制。

3. 闭嘴啃苹果

播音发声口部操中的“闭嘴啃苹果”练习，主要用于锻炼唇部、下颌及咬肌的灵活性与力量，提升发音清晰度。以下是注意事项的简要说明：

（1）动作要领。

双唇闭合：自然闭合嘴唇，模拟啃苹果的动作，避免牙齿外露或嘴唇过度紧绷。

下颌控制：下颌上下运动时保持稳定，幅度适中（像啃小苹果），避免动作过大导致关节疲劳。

（2）常见错误及解决办法。

嘴唇漏气：练习中保持唇部密闭，勿漏气或发出摩擦声。

颈部代偿：注意放松肩颈，避免用力耸肩或颈部前伸。

（3）强度与频率。

每组 10～15 次，每次 2～3 组，循序渐进，避免肌肉酸痛。

练习前可轻揉面部肌肉热身，结束后做放松动作（如嘟嘴呼气）。

（4）适用场景。

适合晨起或播音前热身，但避免饭后立即练习，以防不适。

（5）禁忌。

颞下颌关节紊乱者慎做，若出现关节弹响或疼痛需停止。

通过规范练习，可增强唇部力量和协调性，改善播音时的吐字表现。

4. 双唇“搓拉展咬”练习

在播音发声训练中，双唇“搓拉展咬”练习是口部操的核心动作之一，主要针对唇部的力量、灵活性和控制力进行强化，尤其对改善播音吐字清晰度（如双唇音 b、p、m 的发音）很有帮助。以下是动作分解和注意事项：

（1）动作分解。

搓唇（搓动练习）：

动作：双唇紧闭，轻轻抿紧，然后左右水平搓动（像摩擦嘴唇），速度由慢到快。

作用：激活唇部肌肉，提升唇部灵敏度。

拉唇（拉伸练习）：

动作：

横向拉：咧嘴微笑，尽量将嘴角向两侧伸展（露出牙齿），保持 2～3

秒后放松。纵向拉：双唇撅起（如发 u 音），向前用力伸展，再放松。

作用：锻炼唇部纵向和横向的拉伸能力，避免发音时嘴唇松散。

展唇（舒展练习）：

动作：双唇自然闭合，突然快速向两侧展开（如灿烂微笑状），反复交替进行“闭合—展开”。

作用：提升唇部爆发力，辅助快速切换发音口形（如“i”和“u”的转换）。

咬唇（力量练习）：

动作：用上齿轻咬下唇（模仿发 f 音的动作），保持 1 秒后松开，重复多次。反向用下齿轻咬上唇（较少用，可根据需要练习）。

作用：增强唇齿配合能力，尤其改善唇齿音（如 f、v）的发音精准度。

（2）注意事项。

动作标准性：

避免面部其他肌肉（如脸颊、下巴）代偿发力，专注唇部孤立运动。搓唇时力度轻柔，防止嘴唇摩擦过度导致干裂。

强度控制：

每组动作重复 10～15 次，每天 2～3 组，初期可对镜练习观察唇形。若唇部酸胀，属正常现象，但出现疼痛或关节不适需暂停。

结合呼吸：

练习时保持自然呼吸，勿憋气（尤其咬唇时容易无意识屏息）。

适用场景：

适合播音前热身或日常晨练，长期坚持可改善“唇无力”导致的吐字含糊。

（3）常见错误。

过度用力：咬唇时牙齿用力过猛，导致唇部压痕或疼痛。

动作变形：展唇时嘴角未完全拉开，效果打折。

忽略放松：练习后未轻拍或按摩唇部，可能造成肌肉紧张。

通过系统练习“搓拉展咬”，能显著提升双唇的灵活性、力量和协调性，为清晰饱满的播音发声打下基础。建议结合其他口部操（如舌部练习）进行综合训练，效果更佳。

大家都要用力去做这些练习，不要怕看上去形象丑陋。最重要的是要练习肌肉的对抗的力量，仿佛每做一个动作都有一个反作用力，不让这个动作轻轻松松地完成。在这种对抗力的训练下，我们的牙冠、唇、颧肌都得到了很好的拉动训练。

二、双唇练习

关于双唇的口部操有很多，下面我们向大家介绍几节比较实用的口部操。

（1）喷：双唇紧闭，堵住气流，突然放开发出 po 音。注意，不要满唇用力，而把力量集中在唇的中央 1/3 处，po—po—po。

（2）咧：将双唇撅起来，然后向嘴角用力，向两边伸展，这就是我们平常所说的“咧”，反复进行。这一节口部操是听不到声音的。

（3）撇：双唇撅起来，然后向左歪，再向右歪，交替进行。

（4）绕：双唇紧闭，撅起，然后左转 360 度，再右转 360 度，交替进行。这里应该注意，向左转多少圈，向右就应该转多少圈。

三、舌的训练

舌的训练主要是练习舌尖的中纵轴的弹发力度。

（1）舌的弹发：pa—ta—ka　pa—ta—ka。

（2）顶舌：先闭唇，用舌尖顶左右的内颊，先左边一下，再右边一下，交替进行。

（3）转舌：闭唇，把舌尖伸到齿唇的中间，先按顺时针方向环绕 360 度，再按逆时针方向环绕 360 度，这样交替来进行。

（4）伸舌：舌头伸出口外，用舌头尖够下巴、够鼻子尖、够两腮，让舌头得到极大的拉伸训练。

（5）立舌：舌尖底下齿舌中部抬高，上齿刮着舌部，让舌立起来。这个练习非常不错，可以练舌的中纵的力度；同时，如果我们在练习过程中产生了舌部的疲劳，也可以通过这个办法使舌放松。

（6）弹舌：先把力量集中在舌尖，抵住上齿龈，堵住呼出的气流，然后突然打开爆发出声，反复进行。这里应该注意，舌的中纵线要用力，越有力越好。

ba—ba—ba　ba—ba—ba　ba—ba—ba

da—da—da　da—da—da　da—da—da

degele—degele—degele

pipapa—pipapa—pipapa

（7）舌打响：舌尖上抬，紧贴上齿龈或硬腭前部，形成封闭气流的阻碍。舌面微微下压，口腔内形成负压（类似“吸住”的状态）。舌尖迅速向下弹离，伴随短促的“咔嗒”声，类似轻扣响指的清脆音效。

总之，通过唇、舌、牙冠的展开、收拢、弹发等一系列的动作训练，可以使我们的口腔在造型的时候灵活变化。在发声的时候，口部的肌肉和造型的力度能够促进发声效果，而不是阻碍发声效果。

第二节　发音练习

我们在发音时，要求发每一个音节都做到发音动程呈枣核形，同时，在句子当中每一个音节都连接在一起。所以，要让每一个音节大小统一，这样才能够发出如珠如流的声音效果。为此，就要做到：宽韵窄发，窄韵宽发，圆唇扁发，扁唇圆发。

一、宽韵窄发

ɑ 是宽韵。如果我们在发声过程中把宽韵宽发，就会听到一个很不受听的声音。因此，要宽韵窄发，进行窄的状态的控制。例如：

妈妈骑马，马慢，妈妈骂马。

二、窄韵宽发

i、ü、u 属于窄韵，在发声时要进行宽的状态的控制。例如：

老毕篱下脱坯，老季窗西喂鸡。

村里新开一条渠，弯弯曲曲上山去，河水雨水渠里流，满山庄稼一片绿。

三、圆唇扁发

在保持字音准确的前提下，避免过度圆唇导致的发音笨拙或音色闷暗，使吐字更清晰、音色更明亮。圆唇音在实际发音时，唇形可适当放松，不完全拢圆，而是略向两侧舒展，减少唇部肌肉的紧张感。

做到“声圆唇不圆”：保持韵母的圆唇音色，但唇形控制更灵活，避免过度挤压声音。例如：

钓到敌岛打特盗，特盗太刁投短刀，挡推顶打短刀掉，踏盗得刀盗打倒。

四、扁唇圆发

如 e 是一个扁唇的元音，我们就要将它圆发。例如：

坡上立着一只鹅，坡下就是一条河，弯弯的河，肥肥的鹅，鹅要过河，河要渡鹅。

在口腔控制和语流当中要做到宽韵窄发、窄韵宽发、圆唇扁发、扁唇圆发，这就是我们所说的枣核形发音。

第四章　放松喉部　让声音灵动自如

第一节　喉部稳定训练

一、喉部控制的重要性

人们常说咽喉要道，的确，咽和喉是人体最重要的器官，也是我们发声的重要器官。喉部上接口腔、下连胸腔，气息通过喉再到口腔来完成制声效果，所以喉部的控制对发声来说是至关重要的。

二、喉部的相对稳定

喉部稳定有以下几个要领：

第一，喉部肌肉控制要稳。喉部在发声时应该控制在居中的位置，做到高音低发、低音高发。

第二，气息在通过喉部的时候要稳定、扎实、持久。

第三，所有的发声控制，包括表达的基调，都要有一种统一的稳定的状态。

下面，我们来体会一下喉部稳定的控制。

1. 高音低发

打个比方说，远处有你的好朋友小丽——大家注意了，“丽”字是个窄韵——你向远处的小丽高喊：

“小丽！”

这个时候，如果喉部不是做向低的控制，声音听起来就挤捏而令人不舒服。

比如说，我们喊：

“小李！”

喉部也是要向下控制，就是我们刚才说的高音低发。同样地，高喊：

“小于！”

喉部向下控制，发出“于”音，那么喉部的肌肉下控声音向外走，这样就形成了一个舒服、稳定、扎实的呼喊声。

2. 低音高发

下面这段文字是缅怀周总理的一段文字，里面含着悲伤的情感，所以声音应该比较低沉。但是，声音低沉不等于说要把喉部压到最低，以至于产生了压喉的听感，而是低音高发，把喉部向上控制。下面，我们来体会一下：

总理的灵车徐徐开来，灵车四周挂着黑黄两色的挽幛，上面配着大白花，庄重肃穆。人们怀着沉痛的心情尾随着灵车移动，灵车所到之处像是有一个无声的指挥，老人、孩子、青年都不约而同地站直了身体，摘下了帽子，向灵车致敬，哭泣着，顾不上擦去腮边的泪水，舍不得眨一眨眼睛。

这段文字需要我们把喉部向上控制，而声音却向下走。我们还可以用适中的喉部位置进行训练。下面练习这一首《春晓》：

春眠不觉晓，处处闻啼鸟，

夜来风雨声，花落知多少。

这是一种适中的喉部控制的发声。如果我们用低沉的声音，就需要把喉部肌肉向上控制；如果声音是昂扬的，喉部肌肉就向下控制。

所以，大家记住，喉部控制的稳定需要我们把喉部的肌肉在高音时向下控制、在低音时向上控制，让它处在居中的位置上，这样就会获得一种稳定的发声效果。

第二节　喉部放松训练

喉部控制松弛是指在发声的时候喉部肌肉要松弛，同时下巴、锁骨甚至后背的肌肉也要松弛。当然，在这里松不等于松懈，要做到松中有紧，脊背是挺直的，胸要挺起来，脊梁骨也要挺起来，要是弯了，就真的是懈掉了。

松中有紧还包括两个紧：一个是唇要收紧，唇齿相依；另一个是丹田要收紧，即丹田周围的肌肉要收紧。松不等于懈，也是指松的目的是获得较好的、从容的音色，而不是极限的声音音色。

下面是两项重要的喉部放松训练：

一、半打哈欠

用吸气半打哈欠状态来发音。大家都知道，当吸气打哈欠的时候，喉部声门是打开的，肌肉是放松的，这个时候就获得了一种松弛的肌肉状态。如果保持这种状态来发音，就能达到喉部松弛的声音效果。

下面，我们来朗诵一首格律诗，用吸气半打哈欠状态发音：

黄四娘家花满蹊，千朵万朵压枝低。

留连戏蝶时时舞，自在娇莺恰恰啼。

二、气泡音

气泡音是充分放松喉头后的一种发声，学习它可以体会发声的声音挂在声带上的感觉。大家体会气泡音，可以先从这一点开始：

早上我们懒散地平躺在床上做打哈欠状，从高到低发一个声音 ɑ，当发到最低声区的时候，就会听到发声像一串气泡冒出来的声音。随着气息的调节，气泡还可大可小、可疏可密，有点像青蛙的鸣叫，这就是气泡音。例如：

ɑ—ɑ—ɑ—ɑ—ɑ—ɑ　　ɑ—o—e—i—u—ü

看似很简单的一种发声，对我们声音的放松却有着神奇的效果和作用。慢慢练习，你就能够体会到相对松弛的喉部肌肉控制的感觉了。

此外，当我们练习时，如果练的时间长了，舌根的肌肉就向后退，缩到喉部那个方向，这时我们会感到喉部很酸。怎么放松？把舌头向外伸就好了，也就是做一个反方向的拉动，让舌根的肌肉放松，从而带动喉部肌肉的松弛。

也可以做刮舌的活动。练习累了时做几个这样的动作，也会使喉部放松。

类似地，还可以伸舌。把舌头伸出口外，去够下巴尖、鼻子尖、两腮，都可以放松喉部肌肉。

第五章　吐字归音　让表达声入人心

第一节　吐字归音“五字诀”

普通话音节分为声母、韵母（韵头、韵腹、韵尾）、声调。根据汉语语音特点，我们将一个音节的发音过程分为“出字”“立字”“归音”三个阶段。通过对每个阶段的精心控制，使吐字达到清晰有力、珠圆玉润的境界。要求：出字要叼住弹出，立字要拉开立起，归音要弱收到位。

在口腔控制过程中，我们首先来学习这样几个动作：滑、弹、依、拢、挺。通过这几个关键动作的展开训练，来进行口腔控制的综合练习。

一、滑

滑，是指牙冠在口腔造型时柔滑灵活。在造型的时候要有一定的开度，造型的过程中要圆滑地过渡，就像门的合页一样，要柔滑，还要无声，不能表现出生硬的状态。

滑有两层含义：一是牙冠柔滑，二是发音动作过程呈枣核形。发音动作过程呈枣核形，就要求我们叼住字头，拉开字腹，收拢字尾。

在叼住字头的时候，分寸感很关键，就像大老虎叼着小老虎过山涧。虎妈妈叼着小老虎，不能因为怕小老虎掉到山涧里，就使劲地叼着小老虎，这样过了山涧，小老虎细嫩的皮肉就会被咬破了（我们发一个字，如果使劲咬，就会显得很笨拙）。而如果虎妈妈过山涧时，因为怕把小老虎的皮肉咬开，故意咬得很轻，过山涧时，一跃就会把小老虎掉到山涧下，这样也不行。

立字要拉开立起，也就是要把韵腹即字腹拉开立起，把嘴张开。拉开字腹，就是要把字立起来，使之圆满丰润。收拢字尾则要做到到位弱收，送气到家，归音到位。整个过程自然、圆滑地连接起来，就形成了枣核形的结构。

例如，不同音素的组合训练：

a　　ba　　bao　　biao

在各个音节的组合结构练习当中，不外乎就这样几种情况。所以大家可以进行不同音素的组合训练，形成不同的音节结构，来进行枣核形的训练。

二、弹

弹，是指唇的弹动能力，也就是要做到发音轻巧、有弹性、唇舌着力点集中。例如：

八百标兵奔北坡，炮兵并排北边跑，炮兵怕把标兵碰，标兵怕碰炮兵炮。

三、依

依，是指唇齿相依。我们在说话的时候唇和齿是相互配合的，有唇，发音时才能够拢住音，才能够造好型。所以，在发音过程中唇齿相依，力量集中在唇的中间 1/3 处。唇齿相依也要有一定的分寸感，不能是使劲相依或者是僵持地相依，否则可能会获得一个很不好听的声音。例如：

烟笼寒水月笼沙。

唇齿相依的好处是会给我们带来清晰而集中的声音效果，同时会使声音靠前，有一种亲切的效果。例如：

同学们好。

四、拢

拢，是指唇的展开与归拢，也就是要求我们发音的时候做到归音到位、送气到家。唇的撮和展在控制的过程中达到一种圆满的状态。比如说“烟笼寒水”，就是唇的撮和展沿着一个预定的轨迹，有节律地进行发音控制，而不是随便地控制。

我们可以通过绕口令练习来进行控制训练。

拢的练习，例如：

调到敌岛打特盗，特盗太刁投短刀。

展的练习，例如：

哥挎瓜筐过宽沟，赶快过沟看怪狗。

练习时不要有多余的动作，否则发出的声音的造型就会变形。

五、挺

挺，是指挺软腭、提笑肌。目的是扩大后声腔，使口腔打开。口腔的开度大了，发音造型就会饱满充分，获得积极、热情、明亮的声音。

为此，要经常练习微笑，通过微笑使嘴角颧肌上提，软腭随之也提拉起来，再松开下巴，就会获得一个饱满的发音造型的空间。例如：

待到秋来九月八，我花开后百花杀。

冲天香阵透长安，满城尽带黄金甲。

试想一下，如果发音时嘴角和颧肌下拉，我们听到的声音会非常冷，而且不积极、不够热情，对于表达诗词的内涵恐怕起不到积极的作用。

第二节　口腔控制结合气息练习

实际上，并不是有了口腔造型，我们就完成了一个完美的口腔控制了，还要和气息连贯在一起。所以，进行口腔控制的训练时，要结合气息来练习。

关于口腔控制的气息练习，有以下几种方法：

（1）牙关开合练习。

mi—ma—mi—ma

在打开口腔的过程中体会牙冠柔滑开合的感觉。

（2）唇的弹动练习。

结合气息，我们可以学习鼓点的训练：

dong　dong　balabala　dongdong　balabala　dong　bala　dong　bala　dong　bala　dongdong　ba　la　bala

这样既练了气息的流动，也练习了唇的弹动能力。

（3）开口腔的练习。

打开口腔的练习，最重要的是把喉部立起来，获得饱满的声音效果。我们可以通过以下方法来练习：首先，嘴里像打哈欠的样子，打开口腔以后要控制住，里面像含了一个鸡蛋。然后，口腔就不要动了，收拢唇，口腔后面不动，好像始终有一个鸡蛋在支撑着唇收紧。再然后进行一段声乐的训练：

u—u—u—u—u—u—u—u

通过这个方法，既练习了唇的收束力，又练习了后声腔的打开、立起，同时还练了气息。

第六章　用好共鸣　让声音百变随心

第一节　人体四大共鸣腔

想要拥有富于变化的声音，除了坚持不懈地练习口腔控制、呼吸控制外，还要通过共鸣练习来调整自己的声音。人们常常把共鸣好的播音员形象地比喻为自带音箱。的确，不仅共鸣对声音的扩大和美化有着重要的作用，而且共鸣腔在调节过程中会形成不同的声音色彩，实现不同感情色彩的表达效果。

我们的共鸣器官主要有口腔、鼻腔、胸腔、头腔。

一、口腔共鸣

口腔是可调节的共鸣腔，它是非常重要的共鸣腔。发音时要注意：打开口腔，使之在发音过程中处于积极的状态，同时要求各咬字器官的力量要集中，尤其是唇、舌力量集中，舌位要准确、鲜明，过程要流畅、完整。

口腔共鸣的控制有这样几个要点：

第一，声音集中打在硬腭前端；第二，口腔内壁要结实有力，唇齿相依；第三，力量集中在唇的中间 1/3 处，牙关打开。

二、鼻腔共鸣

鼻腔是不可调节的共鸣腔。首先，要注意处理好鼻腔共鸣在发鼻音与非鼻音时的区别；其次，使用鼻腔共鸣要适度，否则会降低语音清晰度，从而使音色浑浊有堵腻的感觉。

基本练习：嘴角略微上抬，目的是消除消极音色。比如容易发闷的音，我们在练习时要做到唇齿相依，提高声音的明亮度，做到后音前发、前音后发、圆唇扁发、扁唇圆发。

发 o 时，要做到圆唇扁发、后音前发、唇齿相依，获得明亮的声音效果。

u 这个音是后音，又是圆唇音、窄韵，所以就要后音前发、圆唇扁发、窄韵宽发。

还有 ü。ü 和 u 的区别就是一个是前音，另一个是后音。那么，前音要向后发，圆唇要扁发，窄韵要宽发。通过这样的基础训练来消除发闷的音，获得明亮、圆润、饱满的声音效果。

ɑ 位于中声区，进行 ɑ 的延长音练习时，气息要打在硬腭前端，唇齿相依，力量集中在唇的中部，舌要自然平放。例如：

bā　bá　bǎ　bà

四声调练习的时候要做到唇中间用力，叼住弹出，获得响亮的饱满的声音。

大家注意，在发音的时候，声音是挂在硬腭前端的，口腔是打开的，唇中间用力，既不要靠前，也不要靠后，也不要牙关过紧，一定要圆润、饱满、响亮、集中。

三、胸腔共鸣

胸腔是不可调节的共鸣腔，它对低频声波共鸣作用明显。胸腔共鸣可以扩大音量，增加低泛音，使声音听起来洪亮、浑厚、结实。

我们来进行具体的训练：

（1）用较低的声音发 hɑ、xiɑ。

不要过量，要浑厚，感觉声音从胸腔发出，手按在胸部有明显的感觉，逐渐降低音高，加大音量进行训练。

（2）发 ɑ 延长音，一层一层地升高训练，感觉到胸腔震动很强烈。

ɑ——ɑ——ɑ——ɑ——ɑ

音一层一层地向上升，同时胸腔的共鸣震动感也要逐渐加强。

（3）结合膈肌弹发训练，手按在胸口，找到胸腔共鸣时的震动感。

hɑ　hei　hou　he

pi　pɑ　peng　pɑ　pili　pɑlɑ　peng　pɑ

（4）结合词组训练。例如：

暗淡　反叛　散漫　武汉　计划　到达　自发　出嫁

这些字开口大，在练习过程中要注意胸腔振动，音量加大。

四、头腔共鸣

头腔共鸣是声乐演唱中重要的发声技术之一，在口语交际发声中运用较少，属于人体四大共鸣腔中高频泛音的主要来源。以下是其核心要点：

（1）基本概念。

位置：主要指头部额窦、蝶窦等空腔的共振，实际是声波在颅骨及面部骨骼中传导产生的共鸣感，并非真正“腔体”。

音色特征：明亮、穿透力强，常被形容为“金属感”或“铃铛般”的音色，适合高音区（如女高音、男高音的 High C 以上音域）。

（2）生理机制。

依赖咽腔通道：通过软腭上抬、咽壁绷紧，将声波引导至鼻咽腔，进而振动头部空腔。

与混声结合：需配合声带边缘振动（假声或头声模式），减小声带体积，增强高频泛音。

（3）训练方法。

哼鸣练习：用 m 音闭口哼唱，感受眉心震动。

元音变形：如 i（衣）、ü（吁）等前高元音易引发头腔共鸣。

意象引导：想象声音从头顶或眉心“透出”，避免用力挤压喉咙。

（4）常见误区。

过度追求音量：头腔共鸣的本质是泛音增强，非强行大声，错误用力易导致声带疲劳。

忽视基础支撑：需结合腹式呼吸与胸腔共鸣，孤立追求头声会显得单薄。

头腔共鸣需长期系统训练，建议在专业老师指导下练习，避免错误发声导致发音器官损伤。

第二节　共鸣控制综合训练

共鸣控制训练，可以简化为一个字，那就是“响”。响是指声音响度的大小控制。语言发声共鸣以口腔为主，胸腔为基础，鼻腔为辅。

影响声音响度的主要有这样几个因素：

一是共鸣腔运用的不同。共鸣腔主要有喉腔共鸣、咽腔共鸣、口腔共鸣、鼻腔共鸣、胸腔共鸣。人的共鸣腔是通过骨骼肌肉的运动来改变共鸣腔的形状、容积的大小以及腔壁的软硬度和弹性，以及通过气息的调节来实现的。

二是气息运用的不同。气息运用有提气、托气、撒气、颤气等的区别，还有强弱、深浅、长短等的不同。

（1）提气。例如：

沿着校园熟悉的小路，清晨我们来到树下读书。

这个时候我们用的是提气，产生的是轻快的发声效果。

（2）托气。例如：

在苍茫的大海上，狂风卷集着乌云。

这里用的是托气，带来的是浑厚的声音效果。

（3）撒气。例如：

完了，这下全完了。

撒气的气息运用表现了泄气的情感效果。

（4）颤气。比如，母子很久没见，经历了无数悲欢离合，终于见面的时候，孩子喊：

妈……

母亲喊：

孩子……

这样就产生了一种颤气的效果，表现出母子相见时的激动。

三是咬字方法的不同。咬字方法有前咬、后咬、松咬、紧咬、横咬、竖咬等，这样就造成了字形的不同，产生了长形、圆形、扁形和饱满与否的区别。

（1）前咬。例如：

幸福在哪里？朋友告诉你。

前咬产生亲切的希望主动交流的效果。

（2）后咬。例如：

总理的灵车徐徐开来，灵车四周挂着黑黄两色的挽幛，上面配着大白花，庄重肃穆。

后咬声音靠后，带来喑哑的悲伤的声音效果。

（3）松咬。也就是打开牙关，牙关要松弛，带来轻松愉快的声音效果。例如：

盼望着，盼望着，东风来了，春天的脚步近了。

（4）紧咬。一般都是放在愤怒这样的情感当中来使用的。紧咬带来愤怒、激动、情绪饱满的效果。例如：

怒发冲冠，凭栏处，潇潇雨歇。

（5）横咬。

通俗讲就是咬牙切齿，通常用来表现仇恨。例如：

地主的心肠，哪个不是砒霜做！

（6）竖咬。表现开阔、辽阔的意境和豪迈昂扬的激情。例如：

好，黄山松，我大声为你叫好！

第七章　声音弹性　让表达声情并茂

第一节　音高变化的训练

声音弹性是指人们的声音对于变化着的思想感情的表现能力。简单地说，就是声音的色彩、气息的状态随感情变化而产生的伸缩性、可变性。

声音弹性包括声音的高与低、强与弱、刚与柔、明与暗、前与后、实与虚、厚与薄、纵与收等多层次对比变化。在进行声音弹性训练时，不仅要注意声音的形式变化，同时也要注意导致声音形式变化的感情因素。

声音弹性训练中，首先要注意音高变化的训练。

音高指音调的高低，是由声带振动频率的大小决定的。人声的高低同声带的长短、厚薄、松紧等有关。比较而言，大、长、粗、厚、松的发音体，振动频率就比较慢，发出的声音也较低；小、短、细、薄、紧的发音体，发出的声音频率较快，发出的声音也较高。

比如八岁的小孩，声带薄、紧，声音听起来就明亮而高；八十岁的老人家，声带因为老了而变得又松又厚，所以发出的是低沉的声音。

我们的喉部像琴弦。粗、松的琴弦，发出的是低沉的声音；细、紧的琴弦，发出的是高的声音。

下面，我们进行音高的基础训练：螺旋式上绕和下绕练习。

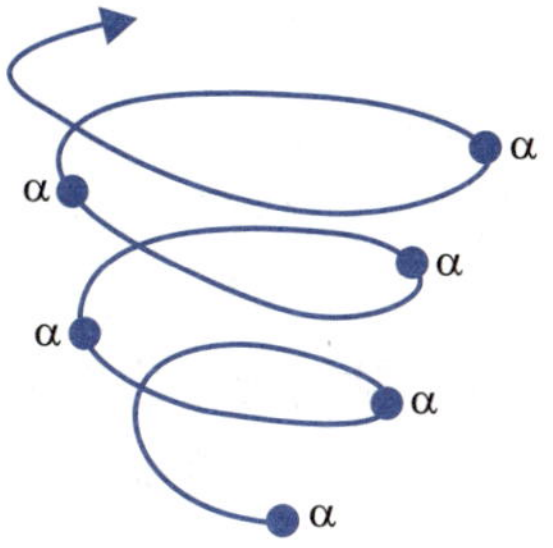

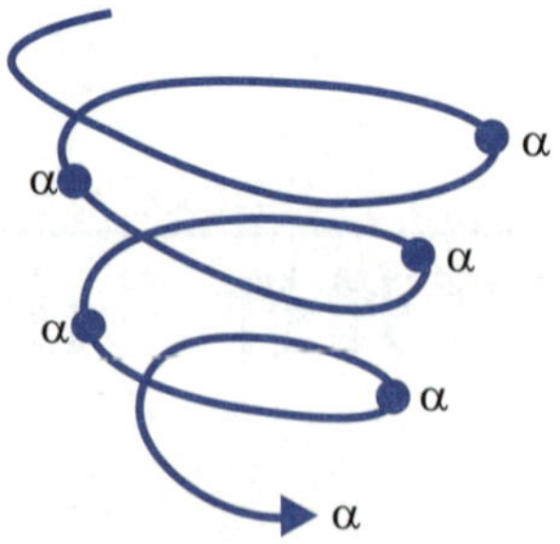

也可以进行声音由高向低或由低向高的阶梯式训练：先找到一个适中的音高，然后在这个音高的基础上朝高一个阶层向上走或者朝低一个阶层向下走。

根据自己声音的适应能力，不断地向上或向下扩展，一定要在自己适应能力的范围内进行音高的拓展训练。

第二节　声音对比训练

为了更好地获得声音弹性，还有一些训练方法，比如说对一些发声进行对比训练，如高与低、强与弱、刚与柔、明与暗、前与后、实与虚、厚与薄、纵与收等，在对比训练中获得声音弹性的适应力。

（1）高与低。

指音调高低对比变化。例如：

伟大的祖国，伟大的人民。

（2）强与弱。

指气息的强弱控制。例如：

伟大的祖国，伟大的人民。

（3）刚与柔。

刚，指口腔内壁肌肉控制比较紧，口腔开度比较大，气息在口腔当中运转得比较饱满、有力。柔，指气息在口腔里面运作得比较和缓，口腔内的肌肉比较松弛。例如：

疆场上他们是无畏的英雄，随时准备为祖国献出宝贵的生命。

盼望着，盼望着，东风来了，春天的脚步近了。一切都像刚睡醒的样子，欣欣然张开了眼，山朗润起来了，水涨起来了，太阳的脸红起来了。

（4）明与暗。

声音的明与暗主要指通过共鸣位置调节、口腔开合、气息控制来实现不同听觉效果。

明亮音色清脆、通透、有穿透力，共鸣偏口腔前部，嘴角微提，气息集中。暗淡音色低沉、厚重、有包裹感，共鸣偏胸腔 / 喉腔，口腔稍后缩，气息沉。例如：

那是力争上游的一种树，笔直的干，笔直的枝。它的干通常是丈把高，像加过人工似的，一丈以内绝无旁枝。

总理的灵车徐徐开来，灵车四周挂着黑黄两色的挽幛，上面配着大白花，庄重肃穆。

（5）前与后。

声音的前与后是指发声时共鸣位置的前后差异，直接影响音色的清晰度、穿透力和情感表达。

前置共鸣明亮、清晰、有穿透力，声音集中在口腔前部（硬腭、齿背），舌尖灵活。后置共鸣浑厚、深沉、有包裹感，声音集中在口腔后部（软腭、咽腔），舌根放松。例如：

幸福在哪里？朋友告诉你，它不在柳荫下，也不在温室里。

好！黄山松，我大声为你叫好！

这就是前后的对比。

（6）实与虚。

指声带缝隙大小带来的音色上的实与虚的对比。

实与虚的对比训练：

ɑ（虚声）	i（虚声）	大海呀（虚声）
ɑ（实声）	i（实声）	大海呀（实声）
ɑ（虚实声）	i（虚实声）	大海呀（虚实声）

下面，我们以《望庐山瀑布》这首格律诗为例，进行虚实的过渡变化练习。随着情景远近高低和人们情感的变化，虚实也产生了变化，这个变化是很自如的。

日照香炉生紫烟，遥看瀑布挂前川，

飞流直下三千尺，疑是银河落九天。

大家不妨试一试，多加练习。

（7）厚与薄。

厚与薄和粗与细基本相似。口腔控制和胸腔震动的力度比较强，获得的声音也就比较厚。例如：

卖炭翁，伐薪烧炭南山中。

而薄就是胸腔震动比较小，主要靠口腔的响动来完成的声音。例如：

白云飞，白云飘，飘上黄山九重霄。山越高来景越美，最高峰上谁在笑？

（8）纵与收。

纵与收指气息和思想感情运动的一种外在形式。当我们朗诵或者发音时，思想感情是开放的，带来的声音形式也是一种纵开的、向外延展的效果；当思想感情处在收束收拢的状态时，声音也是收的状态。例如：

你从雪山走来，春潮是你的风采。

这个声音是纵开的、向前驱动的，先打开再推进。

收就是思想感情比较低沉、低调，声音形式处于收拢的状态。例如：

寒蝉凄切，对长亭晚，骤雨初歇，都门帐饮无绪，留恋处，兰舟催发。

其实，纵与收没有明显的界线，因为表达时有情感的起伏和变化，我们常常在表达的时候是纵中有收、收中有纵。所以，大家不要把纵和收截然分开。

关于声音弹性，以上给大家介绍了对比训练，其实还不止这些，我们还要结合气息的控制、喉部的控制、口腔的控制等多方面来进行全方位的训练。

也可以通过一些模仿来进行训练，比如京剧中的老生大笑：

ha—ha—ha—ha—ha—ha—ha

又如模拟打电话训练。设想一个情境，比如：

钱包丢了，给同学打电话。

钱包丢了，给妈妈打电话。

钱包丢了，给男（女）朋友打电话。

钱包丢了，给你的哥们打电话。

钱包丢了，向你的老师解释这件事的时候，打电话。

在这样的情境体验当中，要注意思想感情的变化是我们区别声音弹性的内在依据，要抓住这个核心。

还有一个重要的方面，即音强的训练。音强的强弱取决于发声时用力的程度和气息量的大小。说话时比较用力，呼出的气流就比较大，发出的声音音强就比较强，反之就比较弱。也就是说，气流通过喉部单位面积的气流，如果多的话，那么音强相对强；少的话，音强就相对弱。

当一个人病入膏肓时，他最后的声音就显得有气无力，这个时候气息是非常弱的。当一个人有强烈的愿望，想要把远处的人喊回来时，他发音时爆发的力量和气息量都会带来音强极致的变化。这是两个极端的例子。下面，我们就通过一个练习来体会音强变化：

你从雪山走来，春潮是你的风采；你向东海奔去，惊涛是你的气概。你用甘甜的乳汁哺育各族儿女，你用健美的臂膀挽起高山大海。

假设以下不同情境，分别开展上述练习：

（1）一个人在家小声读。

（2）请老师面对面指导、试读。

（3）在排练场，面对导演和观众试诵。

（4）在剧场正式演出。

第八章　声音自测　轻松纠正问题嗓

第一节　常见嗓音问题及纠正方法

现将发声练习中一些常见的问题及其原因作简要说明，大家可以对照自身出现的问题进行练习和纠正。

一、鼻音重

1. 问题表现

音色暗淡、发闷，从鼻腔中发出堵塞的声音，听着像感冒了似的。

2. 产生原因

（1）发音时口腔开度不够，软腭松懈下垂，咽肌松软无力，致使鼻腔通道打开，使本无鼻音的字音经鼻腔和口腔同时发出。

（2）有些朋友主观上追求声音的明亮，把字音的着力点放在鼻腔中，混淆了鼻音与鼻腔共鸣。

3. 纠正方法

（1）挺软腭。

用“半打哈欠”的感觉将软腭提起，放松舌根、牙关，让后声腔开度加大，关闭鼻腔通路。需要注意的是，这里说的是“半打哈欠”，或者说“打哈欠”开始时的状态。当“打哈欠”真正进入高潮时，喉咙已经过于撑大，声音也随之向后。

（2）用挺软腭的状态发 6 个单元音：a、o、e、i、u、ü。注意，字音的着力点应该在硬腭的前端。

（3）鼻韵母的拆合练习。

练习时，先发准主要元音，然后发鼻韵尾，再把它们合并起来发。

an—a—n	ang—a—ng	ian—i—a—n	eng—e—ng
uan—u—a—n	iang—i—a—ng	uang—u—a—ng	
üan—ü—a—n	ing—i—ng	en—e—n	ong—o—ng
uen—u—e—n	ün—ü—n		

（4）非鼻音音节练习。

ya	ye	yao	you
wai	jia	jiu	qia
qiu	xia	xiu	biao
piao	bie	pie	bai
pai	gai	kai	hai
zhuai	chuai	shuai	

二、喉音重

1. 问题表现

声音过于低沉，字音含混不清，听起来像闷在喉咙里。

2. 产生原因

（1）发音时喉部过于紧张，破坏了正常发音的自如状态。

（2）气息短浅，上胸部紧张，舌根过于用力，后声腔开得过大，声音停留在喉咽部振动。

（3）有些朋友为了追求浑厚的音色，形成了浓重的喉音。所谓喉音，是指带有挤压色彩的粗糙声音，容易出现在句尾。这种情况在男声中较为多见，特别是处于青春期的青少年，为了使声音具有“男子气”，常常故意压低声音，以致带上明显的喉音色彩。

3. 纠正方法

（1）找到正确的舌头活动部位。

在发音过程中，舌头的活动部位主要集中在舌体的前部和中部。在发舌根音时，需注意舌根的运动是向上的，没有向下的动作，所以发音时舌根不要往下压。

（2）身体放松，调整好呼吸。

发音时，头部要放平，气息要有一定的深度，并加以控制。另外，发音时应该感受呼出气流在口腔中的走向，使气流轻轻上提，顺着软腭、硬腭中纵线到达硬腭前端，在口腔内呈抛物线往外流出。

（3）用“半打哈欠”或“闻花香”的感觉来体会舌根、喉咙、下巴放松的感觉。当软腭上提时，口腔后部声音通道便畅通无阻，所以能加强口腔共鸣，使喉部负担相对减轻。

（4）咬字器官力量训练。

双唇力量，例如：

泡沫　评比　饱满　名牌　貌美　鞭炮　斑驳

舌尖力量，例如：

体能　特盗　推动　电脑　年度　动态　剔透

舌面力量，例如：

仙剑　先驱　期间　进行　气息　继续　奇迹

体会正确的声音着力位置，例如：

飞翔　举例　棉田　勘探　夺冠　劝导　飘扬

（5）结合古诗练习。

大家可以用一些短诗来练习，练习时应注意带入感情，结合之前所述要求，在理解诗句内容的前提下，以最松弛的状态投入古诗的吟诵中。例如，李白的《早发白帝城》：

朝辞白帝彩云间，千里江陵一日还。
两岸猿声啼不住，轻舟已过万重山。

三、声音挤捏

1. 问题表现

声音单薄、发扁，立体感不强。

2. 产生原因

（1）发音时，舌根下压或舌根僵硬、喉咙捏紧，导致声音发出的通道阻塞，声音在经过咽腔、喉腔时没有获得共鸣，也就难以引起口腔的共鸣。

（2）有些朋友主观上追求发“亮音”，即产生明亮、靠前的声音效果，结果使喉头自然吊高升起，产生捏挤现象。

3. 纠正方法

（1）改变不正确的呼吸方式，要采用胸腹联合式呼吸法，气息要保持一定的自如度。

（2）发音时要自然张口，尤其注意下腭要放松，抬起软腭，放松牙关。例如，用这种状态柔和地发出延长的 u 音，体会喉部的松弛感，然后带发其他几个主要元音。

（3）练习气泡音，感受声带放松的状态。

（4）词的训练。

练习的主要目的是加大口腔的开度。例如：

鸟语花香　　喜笑颜开　　惊涛骇浪

中国伟大　　天然宝藏　　翻江倒海

四、声音闷暗

1. 问题表现

音色沉闷，缺少光泽和亮度。

2. 产生原因

口腔肌肉松散无力或受牙关不开的影响，声音在口腔中得不到充分的共鸣，导致发出的声音靠后，字音不清，听起来感觉有声无字，俗称“音包字”。

3. 纠正方法

（1）加强字音出字力度的练习。

字头出字时，成阻部位要有力，只有适当绷紧口腔内壁的肌肉才能做到。

（2）双唇音与开口呼韵母相拼的音节练习。

这种练习可以锻炼唇舌的力度和口腔的开合度。练习时出字要有力，韵腹要拉开立起，并收好字尾。

b—ang—bang　　m—ang—mang

p—ang—pang　　b—ai—bai

（3）把握声母、韵母的正确发音部位。

注意，发音部位靠后的声母、韵母应有往前送的意识。在不影响音色的前提下，发音部位略微往前移动。如声母 g、k、h 和韵母 ao、ua 等相拼时，就可适当前移发音部位，以避免造成声音闷暗。例如：

高—高潮　　靠—牢靠　　号—号召

瓜—瓜果　　夸—夸赞　　花—花袜

（4）四字词练习。例如：

一马平川　　万里河山　　心明眼亮　　高阳转降

（5）绕口令练习。例如：

长扁担比短扁担长半扁担，短扁担比长扁担短半扁担。长扁担和短扁担要绑在板凳上，板凳不能绑比长扁担短半扁担的短扁担，也不能绑比短扁担长半扁担的长扁担。

五、声音散

1. 问题表现

音色单薄，声音不集中；缺少口腔共鸣，声音无力度、亮度。

2. 产生原因

（1）发声器官各部位肌肉松懈、无控制。

（2）发音时，前口腔开度过大，失去了一部分口腔共鸣。

3. 纠正方法

加强双唇及舌头力量，同时注意牙关松弛，后口腔要打开。

（1）注意口腔前部活动幅度不要过大。

（2）练习声音的集中。

连发 ba、da、ga、ta、ka、la 等音节，有意识地将力量集中于一点发音，像子弹从嘴里喷射出去一样击中一个目标。同时还要注意结合呼吸控制，声音要通过硬腭前端透出。

（3）象声词练习。例如：

喇啦啦　　咕隆隆　　吧嗒嗒　　滴溜溜

噼啪啪　　哗啦啦　　当啷啷　　乒乒乓

（4）词的练习。例如：

爆破　　评比　　表达　　对比　　判断　　片头　　特别

（5）加强合口音、撮口音的练习。例如：

呼（hū）　午（wǔ）　枯（kū）　胡（hú）　古（gǔ）

须（xū）　学（xué）　寻（xún）　徐（xú）　剧（jù）

芜湖徐如玉

芜湖徐如玉，出去屡次遇大雾。

曲阜苏于卢，上路五度遇大雨。

六、喊叫

1. 问题表现

声音呈现喊叫状态；说话费力，无气息支撑，发出的音色尖锐、刺耳、粗糙。

2. 产生原因

（1）吸气部位浅，舌根、颈部、下腭肌肉紧张，喉咙被卡紧，导致声音呈现喊叫状态。

（2）盲目追求高音量。

3. 纠正方法

（1）调整好呼吸。

吸气部位要深，加强呼气的控制，放松咽腔、喉腔，同时注意软腭提起，舌根及下巴也要松弛。

（2）不可强加音高。

无论发什么声音，加大音量时均不可强加音高。训练时应有意识地使声音往中低、宽阔的方向发展。

（3）在自如的中声区发 6 个主要元音的延长音。

ɑ——o——e——i——u——ü——

练习时注意起音要柔和，声音要拉开立起，通过硬腭前端发出。

（4）平时要多练习一些柔和色彩的诗词、民歌、短句、字词。例如：

风调雨顺　　山河美丽　　山明水秀　　花红柳绿

绿草苍苍，白雾茫茫。有位佳人，在水一方。

七、声音发虚

1. 问题表现

音色苍白发虚，在换气时带有明显的呼气声。

2. 产生原因

（1）发声时声带过于松弛，声带的挡气量小，共鸣腔配合不上，无法产生丰富的共鸣。虚声发音时，声带之间不完全闭合，留有较大的缝隙，因而需要较大的气息量，但发声的效率却不高。长期这样说话，声带的弹性会逐渐减弱。

（2）气息弱，呼吸肌肉群无力或咽肌力量不强，口、咽共鸣不利。长时间用虚声，声带经常不能轻松闭合，需要频繁补气，这样就会加重喉部肌肉与呼吸器官的负担。

（3）一些朋友一味追求虚声，觉得只有虚声才最有表情达意的魅力，以此为美，这就走入误区了。长期使用虚声，形成不良习惯，会使发声能力下降，发不出明亮有力的声音，声音显得细弱，表现力自然大受局限。此外，和单一的亮声一样，单一的虚声表达会给人单调之感，甚至让人觉得矫揉造作，这同样会妨碍语言的表现力。

3. 纠正方法

（1）建立实声意识。

声音过虚的调整，首先应该在认识上走出误区。虚实结合的声音富于色彩的变化，具有较强的表现力。从意识上要明确，用声要求明亮而且坚实，采用的是以口腔共鸣为主的实声，同时辅以微量的胸腔共鸣和鼻腔共鸣。

（2）注意发音器官的锻炼。

在练习中加强发音器官的锻炼，多做增加口腔共鸣的练习。从嗓音保健的角度来看，虚实声也比较符合自然语言的发声规律。同时，要以自己的生活口语音色为参照，进行实声发音的锻炼，声音尽量舒展明朗些，用面对众人讲话的较大音量进行练习。在语言表达时，也要以实声为主，注意虚实结合，不断丰富声音的表现力。例如：

伟大的祖国　　伟大的人民

（3）练习一些力度较大的词组、诗歌或绕口令。例如：

龙腾虎跃　　豪情壮志　　翻江倒海　　百炼成钢　　铁证如山

八、声音颤抖

1. 问题表现

声音无规则地振动，声音紧张、刺耳，音高不稳定、音准困难等。

2. 产生原因

（1）声音颤抖往往是情绪激动、紧张所导致的，可以深呼吸调整下，然后慢慢地说，尽量保持镇定。

（2）有些朋友单纯追求“明亮”的声音，即产生明亮、靠前的声音效果，盲目追求高音量，导致喉头和气息上提，声音失去了“根基”，摇摆不定。

（3）忽视了共鸣器官各部分的协调，用力过于夸张，喉咙开得过大，肌肉僵硬，声音抖动，音高极不稳定。

3. 纠正方法

（1）控制好喉头位置，要求发声的准确性，加强音准观念和发声动作的稳定性。

（2）树立正确的用声意识。发音时在自如的偏实的中声区运行；加大音量时不可加强音高；训练时应有意识地使声音往中低、宽阔的方向发展。

（3）加强呼吸控制。首先要掌握正确的呼吸方法，例如：口鼻同时吸气，打开喉咙的通道，两肋向侧向张开，“吸气如闻花香”等。

（4）打开喉咙。用“半打哈欠”的状态来体会打开喉咙的感觉。选用 o、u 等母音训练声音，会更加容易打开喉咙。

九、破音

1. 问题表现

发高音，念去声，声音易劈。

2. 产生原因

（1）声带闭合不全或患有声带急慢性炎症、声带小结等声带疾病。

（2）气息控制不好、声带闭合不好或有黏稠分泌物时，会出现破裂音。声带不能有机地随气息强弱变化而适当调节。破音就是由气息没有帮上忙、嗓子过分用力导致的。

（3）喉头的不稳定造成气压的改变，以及声带的张力和气息对声带的牵张力突然改变。

3. 纠正方法

（1）若嗓音病变，建议查喉镜，明确诊断，找到破音的原因。

（2）注意呼吸的自然、顺畅。呼吸时只要感觉肌肉紧张，或者有“堵”的感觉就不对。

（3）要注意用自如的中声区说话，口腔一定要自然，不要过分找“打开喉咙”的感觉。

（4）注意情绪的控制。当情绪过于激动时容易出现呼吸、发声较猛烈的现象，容易造成声带的过重负担，使声音出现“破”的现象。

十、声音尖细

1. 问题表现

声音高而尖，听起来极不自然，甚至刺耳。

2. 产生原因

（1）气息弱，呼吸肌肉群无力或咽肌力量不强。

（2）喉部肌肉及舌根紧张，牙关没打开，口腔、咽腔共鸣不利。

3. 纠正方法

（1）加强呼吸控制训练，慢吸慢呼，发“丝”声。

调节好呼吸基本状态，然后如闻花香一般用鼻子缓缓吸气。气息吸入程度不可至满，感觉前胸微起或已达两腋便不能再吸，以避免肩颈肌肉紧张及耸起。气息吸入程度适当，不吸不呼，维持 10 秒钟，然后如春蚕吐丝般以口缓缓呼气或口形呈发“一”的状态，轻发“丝”声将气呼出。

（2）打开牙关。

双侧上后槽牙保持向上提起。这样就加大了口腔开度，丰富了共鸣。大家可以用含有 q 的音节来做夸张的练习，会取得明显效果。例如：前（qián）。

（3）膈肌咽壁训练。

深吸气以后，用这一口气发出两三个扎实的 hei 音。hei 音发好以后，还可以进行其他练习，比如说还可以交替发出 i 音和 a 音，或者发出 ha 音。

（4）增加胸腔共鸣训练。

胸腔共鸣训练可以扩大音量，增加低频泛音，使声音听起来洪亮、浑厚、结实。

我们可以把手放在胸口上来体会一下。比如发 ha 音，看胸部是不是产生了振动。如果有振动，就证明有胸腔共鸣。一般来说，较低而又柔和的声音易于产生胸腔共鸣。

也可以通过发夸大的上声来体会。例如：

好（hǎo）　百（bǎi）　散（sǎn）　走（zǒu）

增加胸腔共鸣的适当音色后，用这一段的声音练习下列含有 a 音的词，a 开口度大，易于产生胸腔共鸣。

暗淡　　散漫　　武汉　　计划　　到达　　自发　　出家

百炼成钢（bǎiliàn-chénggāng）　　翻江倒海（fānjiāng-dǎohǎi）

句段练习，例如：

春眠不觉晓，处处闻啼鸟，夜来风雨声，花落知多少。

十一、声音僵硬

1. 问题表现

声音生硬死板，连贯性不强，没有弹性，死气沉沉，无精打采，容易引起听觉疲劳。

2. 产生原因

（1）控制呼吸的力量和动作死板，如控制呼吸力量过大，肌肉失去弹性。

（2）发声器官某些部位肌肉缺乏韧性、弹性，如舌尖、舌面、舌根或上下唇等有关肌肉。

3. 纠正方法

（1）口部操训练。

如果唇舌较僵，应当多做口部操，加强舌前部和上唇中部的力量，发音时口腔开度和舌头动程都应适当加大。为了让声音少走鼻腔，还可以通过意念进行引导，感觉字音不是顺着上腭而是沿舌面送出的。

（2）气息弱控制训练。

呼吸：吸气深，呼气均匀练习，缓慢而持续地发出 ai、uai、uang、iang 四个韵母。

结合声调训练：

第一，同声韵四声夸张练习，体会随音高变化而调整呼吸控制运动状态。例如：

巴（bā）	拔（bá）	把（bǎ）	罢（bà）
猫（māo）	毛（máo）	卯（mǎo）	帽（mào）
方（fāng）	房（fáng）	仿（fǎng）	放（fàng）

第二，夸张四声练习。

用以下四音节词做夸大声调、延长发音、控制气息的训练。汉语声调的抑扬顿挫赋予音节优美的旋律，读起来会让人产生美的感受。

花红柳绿（huāhóng-liǔlǜ）　　谈笑风生（tánxiào-fēngshēng）

鸟语花香（niǎoyǔ-huāxiāng）

（3）气息强控制训练。

气要吸得深，保持一定的量。如果气不够，喉咙就会紧张。但也不要吸满，呼气要均匀、通畅、灵活。可通过以下练习进行强控制训练。

第一，弹发。

一是用京剧老生笑的感觉，吸气后发“哈”，体会气沉丹田的感觉。

hà—hà—hà—hà—hà

二是反复弹发“hèi—hà—hòu”，体会膈肌和腹肌的作用。

三是发“pēng—pā—pī—pū—pāi”，体会气息上下贯通、力度逐渐加强的感觉。

第二，绕口令练习。例如：

数葫芦

这样数：一口气数不完二十四个葫芦，一个葫芦、两个葫芦、三个葫芦、四个葫芦、五个葫芦、六个葫芦、七个葫芦、八个葫芦、九个葫芦、十个葫芦、十一个葫芦、十二个葫芦、十三个葫芦、十四个葫芦、十五个葫芦……

（4）结合格律诗训练。

古诗词是练习声音弹性的好材料，朗读时要求气息贯通而有深浅、多少、急徐等方面的变化。练读时应注意虚实明暗、强弱高低、刚柔断连的处理。需注意以下几个方面：

第一，按呼吸控制运动状态与声调结合的要求，用较慢的速度将音节颗粒清楚地读出。特别是韵脚音节，要读得饱满到位。

第二，结合诗的意境，声情并茂地朗读。

第三，同一首诗歌，用不同的音高来进行朗读练习。朗读时，我们不是单纯地去做一种声音练习，而要结合诗歌的内容、意境和情感表达上的要求来进行练习。例如：

泊秦淮

杜牧

烟笼寒水月笼沙，夜泊秦淮近酒家。
商女不知亡国恨，隔江犹唱后庭花。

（5）虚实结合练习。例如：

望庐山瀑布

李白

日照香炉生紫烟，遥看瀑布挂前川，
飞流直下三千尺，疑是银河落九天。

十二、声音漏气

1. 问题表现

说话时感到气不够用，换气费劲，体力消耗大；影响声音集中度，折损音色，影响发声；声音往往偏低，并难以控制。

2. 产生原因

（1）呼吸肌肉群控制能力弱，喉部阻气力量不够，声带闭合不严。

（2）吸气过满，导致声带不能准确地闭合。也可能是声带的柔韧性还不够，需要将声带再延展一些。

（3）声带产生了病变，如声带小结。声带小结相当于声带上磨出的一些小茧，是需要去除的。

3. 纠正方法

（1）加强气息控制，加强咬字，避免漏气。用咳嗽的感觉来体会横膈膜的力量和声带的闭合力，以及两者之间的有机配合。

（2）深吸一口气后，发 ga 音。

舌根音 g 是舌根与软腭相接，气流在这一部位受到阻碍后发出的一种辅音，它是能帮我们一开始就将声带闭合起来的辅音之一。吸一小口气，发 ga—ga—ga—ga—ga。

（3）在深呼吸后短促呼气，以锻炼横膈膜的弹力。练声时可以用 i、a 母音分别作短音和长音练习。

（4）双音节练习。

舌根阻声母成阻部位靠后，音色偏暗，注意“后音前发”，以避免产生喉音或压喉现象。例如：

改革	国歌	广告	尴尬
革故鼎新	改弦更张	盖棺论定	

十三、音高失当

1. 问题表现

用声偏高，过分提高声音，一味往高音上走，以致声音越来越紧，尖利刺耳，并且只能往高音推，不能往低音落；用声偏低，过分压低声音，形成浓重的喉音色彩，浑浊暗淡，一点儿高音都出不来，听来沉重压抑。

2. 产生原因

（1）用声偏高可能和学习播音时加强吐字力度有关，在放大音量以及精神状态相对积极的情况下，很容易产生。

（2）用声偏高或偏低，往往与模仿别人的声音有关。有些人觉得自己的声音不如别人，尤其是广播电视中的播音员、主持人的声音，对别人的声音就由欣赏进而变为模仿，抛开自己的声音特点，勉强去够别人用声的音高。这样时间一长，便形成了偏高或偏低的发声习惯。

（3）用声偏高或偏低，往往抛开自己的自如声区，久而久之便养成了不良的用声习惯。语言传播用声，是以生活口语用声为基础，分别向高、低两端作适当拓宽，音高幅度大约在一个半至两个8度左右，其中又以中音为主的自如声区用得较多，高低两端的声音用得较少。用声偏高，声带闭合过紧，喉部负担就会加重，极易疲劳；用声偏低，声带闭合费劲，声音仿佛是挤捏出来的，喉部负担同样很重。

3. 纠正方法

（1）我们可以用录音进行比较，检查自己的用声是否脱离了生活口语发声常用的中音区，如有偏离应尽快调整。也可以借助钢琴等键盘乐器，确定自己的最大音域范围，找到其中的自如声区（除去最高和最低的两个音，便是以中音区为主的自如声区）。

（2）喉部适当放松、吸气不要过于饱满，也有助于解决这一问题。发音时，要注意情绪的稳定性，尽可能地保持声音的自然状态。不要盲目地模仿别人的声音，这种模仿对嗓音的损害更大：因为通过电声设备处理过的声音已不是发音人的原声，有些成分被美化和放大，有些成分则被减弱，比照这样的声音学发声，嗓子容易出毛病。

十四、声音嘶哑

1. 问题表现

声音嘶哑，嗓子沙哑。

2. 产生原因

多为声带慢性疾病，声带闭合不好。如感冒、咳嗽等上呼吸道感染，以及睡眠休息不好、烟酒过度等都会使声带受刺激充血而发出沙哑声。

（1）平日多喝水。保持体内水分的平衡可以充分地滋润声带。尤其长时间讲话时，应多喝温开水以保持咽喉湿润。

（2）避免过多清嗓。这是因为，清嗓时气流会猛烈地震动声带，从而损伤声带。如果觉得嗓子嘶哑难受，可适当小口饮水。

（3）感冒或感染造成声音嘶哑时，尽量不要讲话。

（4）限制工作之外的说话时间，减少不必要的长时间聊天或打电话。

（5）说话音量要适当，避免大声喊，善用麦克风以应付音量不足的问题。

（6）说话速度不宜过快，且说话之间要有停顿、吸气，一句话不要拉得太长。

（7）悄悄话是不正确的说话方式，应尽量避免。

（8）变声期、月经期、妊娠期要注意声带休息。

（9）戒烟、酒、辛辣食物，喉部不适要及时就医。

第二节　系统性科学练声方案

这一节给大家分享一套系统性的科学练声方案。各位可根据自己的情况有选择、有针对性地组合训练。

（1）气泡音：闭口和张口共 30 秒。

（2）轻度哼鸣：20 秒。

（3）膈肌训练（狗喘气）：闭口 1 分钟，改良的“嘿”“哈”共 30 秒。

（4）慢吸快呼：2 次，20 秒。

（5）慢吸慢呼：2 次，20 秒。

（6）快吸慢呼：4 次，2 分钟。

（7）“丝”音：20 秒、30 秒各 2 次，1 分钟。

（8）“衣”音：20 秒、30 秒各 2 次，1 分钟。

（9）搓脸：10 秒。

（10）转颈：10 次，10 秒。

（11）松下巴：10 秒。

（12）提颧肌：10 次，10 秒，手辅和自行交替进行。

（13）咀嚼：闭口、张口各 20 次，30 秒。

（14）半打哈欠：5 次，10 秒。

（15）撮唇：10 次，20 秒。

（16）合口左右撅唇：10 次（左、右为一次），30 秒。

（17）转唇：8 × 8 拍，30 秒。

（18）双唇打响：30 次，30 秒。

（19）弹唇：1 分钟。
（20）b 本音：60 次，1 分钟。
（21）ba 本音：60 次，1 分钟。
（22）ba—ba—ba—ba：1 分钟。
（23）顶腮：30 次，30 秒。
（24）刮舌：20 次，20 秒。
（25）伸卷舌：20 次，20 秒。
（26）立舌：10 次，30 秒。
（27）转舌：8×8 拍，1 分钟。
（28）弹舌：30 秒。
（29）d 本音：60 次，1 分钟。
（30）da 音：60 次，1 分钟。
（31）da—da—da—da：60 次，1 分钟。
（32）g 本音：60 次，1 分钟。
（33）ga 本音：60 次，1 分钟。
（34）ga—ga—ga—ga：60 次，1 分钟。
（35）ge 音：60 次，1 分钟。
（36）ge—ge—ge—ge：60 次，1 分钟。
（37）数数：一口气从 1 数到 30，3 次，3 分钟。
（38）数数：一口气数 10 个八拍，3 次，3 分钟。
（39）数枣：要求尽可能一口气数 20 个以上的枣，2 次，2 分钟。
（40）数葫芦：要求一口气数 20 个以上的葫芦，2 次，2 分钟。
（41）喊操：变换节奏进行，2 分钟。
（42）绕口令：任选 10 段，10 分钟。
（43）有针对性的语段或诗词片段练习：10 分钟。

第四部分

普通话有声语言综合训练

第一章　诗歌朗诵

诗歌饱含着作者的思想感情与丰富的想象，语言凝练而形象鲜明，具有明快的节奏、和谐的音韵，富于音乐美。

第一节　古典诗词

中国古典诗词具有语言凝练、虚实结合、情景交融、韵律规整等特点，善于追求“言外有景”“景外有情”“情外有意”“意外有境”的艺术境界，极易达到与欣赏者心神相通的共鸣。朗诵时要结合古典诗词自身的特点，进入古典诗词的意境，表现古典诗词的意境美，进而展现古典诗词朗诵的无穷意味。

春晓

孟浩然

春眠不觉晓，处处闻啼鸟。
夜来风雨声，花落知多少。

所见

袁枚

牧童骑黄牛，歌声振林樾。
意欲捕鸣蝉，忽然闭口立。

静夜思

李白

床前明月光，疑是地上霜。
举头望明月，低头思故乡。

寻隐者不遇

贾岛

松下问童子，言师采药去。
只在此山中，云深不知处。

登鹳雀楼

王之涣

白日依山尽，黄河入海流。
欲穷千里目，更上一层楼。

江雪

柳宗元

千山鸟飞绝，万径人踪灭。
孤舟蓑笠翁，独钓寒江雪。

夜宿山寺

李白

危楼高百尺，手可摘星辰。
不敢高声语，恐惊天上人。

江上渔者

范仲淹

江上往来人，但爱鲈鱼美。
君看一叶舟，出没风波里。

夏日绝句

李清照

生当作人杰，死亦为鬼雄。
至今思项羽，不肯过江东。

舟夜书所见

查慎行

月黑见渔灯，孤光一点萤。
微微风簇浪，散作满河星。

鹿柴

王维

空山不见人，但闻人语响。
返景入深林，复照青苔上。

赠汪伦

李白

李白乘舟将欲行，忽闻岸上踏歌声。
桃花潭水深千尺，不及汪伦送我情。

小池

杨万里

泉眼无声惜细流，树阴照水爱晴柔。
小荷才露尖尖角，早有蜻蜓立上头。

画鸡

唐寅

头上红冠不用裁，满身雪白走将来。
平生不敢轻言语，一叫千门万户开。

望庐山瀑布

李白

日照香炉生紫烟，遥看瀑布挂前川。
飞流直下三千尺，疑是银河落九天。

村居

高鼎

草长莺飞二月天，拂堤杨柳醉春烟。
儿童散学归来早，忙趁东风放纸鸢。

咏柳

贺知章

碧玉妆成一树高，万条垂下绿丝绦。
不知细叶谁裁出，二月春风似剪刀。

晓出净慈寺送林子方

杨万里

毕竟西湖六月中，风光不与四时同。
接天莲叶无穷碧，映日荷花别样红。

绝句

杜甫

两个黄鹂鸣翠柳，一行白鹭上青天。
窗含西岭千秋雪，门泊东吴万里船。

凉州词

王翰

葡萄美酒夜光杯，欲饮琵琶马上催。
醉卧沙场君莫笑，古来征战几人回？

出塞

王昌龄

秦时明月汉时关，万里长征人未还。
但使龙城飞将在，不教胡马度阴山。

芙蓉楼送辛渐

王昌龄

寒雨连江夜入吴，平明送客楚山孤。
洛阳亲友如相问，一片冰心在玉壶。

回乡偶书

贺知章

少小离家老大回，乡音无改鬓毛衰。
儿童相见不相识，笑问客从何处来。

凉州词

王之涣

黄河远上白云间，一片孤城万仞山。
羌笛何须怨杨柳，春风不度玉门关。

送元二使安西

王维

渭城朝雨浥轻尘，客舍青青柳色新。
劝君更尽一杯酒，西出阳关无故人。

九月九日忆山东兄弟

王维

独在异乡为异客，每逢佳节倍思亲。
遥知兄弟登高处，遍插茱萸少一人。

黄鹤楼送孟浩然之广陵

李白

故人西辞黄鹤楼，烟花三月下扬州。
孤帆远影碧空尽，唯见长江天际流。

早发白帝城

李白

朝辞白帝彩云间，千里江陵一日还。
两岸猿声啼不住，轻舟已过万重山。

望天门山

李白

天门中断楚江开，碧水东流至此回。
两岸青山相对出，孤帆一片日边来。

别董大

高适

千里黄云白日曛，北风吹雁雪纷纷。
莫愁前路无知己，天下谁人不识君？

山行

杜牧

远上寒山石径斜，白云生处有人家。
停车坐爱枫林晚，霜叶红于二月花。

清明

杜牧

清明时节雨纷纷，路上行人欲断魂。
借问酒家何处有，牧童遥指杏花村。

早春呈水部张十八员外

韩愈

天街小雨润如酥，草色遥看近却无。
最是一年春好处，绝胜烟柳满皇都。

望洞庭

刘禹锡

湖光秋月两相和，潭面无风镜未磨。
遥望洞庭山水翠，白银盘里一青螺。

浪淘沙

刘禹锡

九曲黄河万里沙，浪淘风簸自天涯。
如今直上银河去，同到牵牛织女家。

枫桥夜泊

张继

月落乌啼霜满天，江枫渔火对愁眠。
姑苏城外寒山寺，夜半钟声到客船。

滁州西涧

韦应物

独怜幽草涧边生，上有黄鹂深树鸣。
春潮带雨晚来急，野渡无人舟自横。

江南春

杜牧

千里莺啼绿映红，水村山郭酒旗风。
南朝四百八十寺，多少楼台烟雨中。

元日

王安石

爆竹声中一岁除，春风送暖入屠苏。
千门万户曈曈日，总把新桃换旧符。

泊船瓜洲

王安石

京口瓜洲一水间，钟山只隔数重山。
春风又绿江南岸，明月何时照我还。

饮湖上初晴后雨

苏轼

水光潋滟晴方好，山色空蒙雨亦奇。
欲把西湖比西子，淡妆浓抹总相宜。

惠崇春江晚景

苏轼

竹外桃花三两枝，春江水暖鸭先知。
蒌蒿满地芦芽短，正是河豚欲上时。

题西林壁

苏轼

横看成岭侧成峰，远近高低各不同。
不识庐山真面目，只缘身在此山中。

示儿

陆游

死去元知万事空，但悲不见九州同。
王师北定中原日，家祭无忘告乃翁。

春日

朱熹

胜日寻芳泗水滨，无边光景一时新。
等闲识得东风面，万紫千红总是春。

游园不值

叶绍翁

应怜屐齿印苍苔，小扣柴扉久不开。
春色满园关不住，一枝红杏出墙来。

石灰吟

于谦

千锤万凿出深山，烈火焚烧若等闲。
粉身碎骨浑不怕，要留清白在人间。

竹石

郑燮

咬定青山不放松，立根原在破岩中。
千磨万击还坚劲，任尔东西南北风。

将进酒

李白

君不见黄河之水天上来，奔流到海不复回。
君不见高堂明镜悲白发，朝如青丝暮成雪。
人生得意须尽欢，莫使金樽空对月。
天生我材必有用，千金散尽还复来。
烹羊宰牛且为乐，会须一饮三百杯。
岑夫子，丹丘生，将进酒，杯莫停。
与君歌一曲，请君为我倾耳听。
钟鼓馔玉不足贵，但愿长醉不复醒。
古来圣贤皆寂寞，惟有饮者留其名。
陈王昔时宴平乐，斗酒十千恣欢谑。
主人何为言少钱，径须沽取对君酌。
五花马、千金裘，呼儿将出换美酒，与尔同销万古愁。

念奴娇·赤壁怀古

苏轼

大江东去，浪淘尽，千古风流人物。
故垒西边，人道是，三国周郎赤壁。
乱石穿空，惊涛拍岸，卷起千堆雪。
江山如画，一时多少豪杰。
遥想公瑾当年，小乔初嫁了，雄姿英发。
羽扇纶巾，谈笑间，樯橹灰飞烟灭。
故国神游，多情应笑我，早生华发。
人生如梦，一尊还酹江月。

定风波·莫听穿林打叶声

扫码听音频

苏轼

三月七日，沙湖道中遇雨。雨具先去，同行皆狼狈，余独不觉。已而遂晴，故作此词。

莫听穿林打叶声，何妨吟啸且徐行。
竹杖芒鞋轻胜马，谁怕？一蓑烟雨任平生。
料峭春风吹酒醒，微冷，山头斜照却相迎。
回首向来萧瑟处，归去，也无风雨也无晴。

第二节 现代诗歌

扫码听音频

现代诗歌在语言形式上不受格律限制，每一行诗的字数、每一节诗的划分、每一首诗的节奏和韵律都没有固定的格式。它一般是根据作者的内在情感的起伏变化安排诗歌意象和节奏韵律。

诵读现代诗，首先必须把握其思想内容，再根据思想内容确定情感基调。在此基础上，确立语速。根据诗歌意境，确定轻读重读及音长音短。

我在等你

余秋雨

我藏不住秘密，
也藏不住忧伤，
正如我藏不住爱你的喜悦，
藏不住分离时的彷徨。
我就是这样坦然，
你舍得伤，就伤。

如果有一天，你要离开我，
我不会留你，我知道你有你的理由；
如果有一天，你说还爱我，
我会告诉你，其实我一直在等你；
如果有一天，我们擦肩而过，
我会停住脚步，凝视你远去的背影，
告诉自己那个人我曾经爱过。

或许人一生可以爱很多次，
然而总有一个人可以让我们笑得最灿烂，
哭得最透彻，
想得最深切。

炊烟起了，我在门口等你。
夕阳下了，我在山边等你。
叶子黄了，我在树下等你。
月儿弯了，我在十五等你！

细雨来了，我在伞下等你。
流水冻了，我在河畔等你。
生命累了，我在天堂等你。
我们老了，我在来生等你！

我是一个任性的孩子

顾城

也许
我是被妈妈宠坏的孩子
我任性

我希望
每一个时刻
都像彩色蜡笔那样美丽
我希望
能在心爱的白纸上画画
画出笨拙的自由
画下一只永远不会
流泪的眼睛
一片天空
一片属于天空的羽毛和树叶
一个淡绿的夜晚和苹果

我想画下早晨
画下露水
所能看见的微笑
画下所有最年轻的
没有痛苦的爱情
画下想象中
我的爱人
她没有见过阴云
她的眼睛是晴空的颜色
她永远看着我
永远，看着
绝不会忽然掉过头去

我想画下遥远的风景

画下清晰的地平线和水波
画下许许多多快乐的小河
画下丘陵——
长满淡淡的茸毛
我让它们挨得很近
让它们相爱
让每一个默许
每一阵静静的春天的激动
都成为一朵小花的生日

我还想画下未来
我没见过她，也不可能
但知道她很美
我画下她秋天的风衣
画下那些燃烧的烛火和枫叶
画下许多因为爱她
而熄灭的心
画下婚礼
画下一个个早早醒来的节日——
上面贴着玻璃糖纸
和北方童话的插图

我是一个任性的孩子
我想涂去一切不幸
我想在大地上
画满窗子
让所有习惯黑暗的眼睛
都习惯光明
我想画下风
画下一架比一架更高大的山岭
画下东方民族的渴望
画下大海——
无边无际愉快的声音

最后，在纸角上
我还想画下自己
画下一只树熊
他坐在维多利亚深色的丛林里
坐在安安静静的树枝上
发愣
他没有家
没有一颗留在远处的心
他只有，许许多多
浆果一样的梦
和很大很大的眼睛

我在希望
在想
但不知为什么
我没有领到蜡笔
没有得到一个彩色的时刻
我只有我
我的手指和创痛
只有撕碎那一张张
心爱的白纸
让它们去寻找蝴蝶
让它们从今天消失

我是一个孩子
一个被幻想妈妈宠坏的孩子
我任性

我想和你虚度时光

李元胜

我想和你虚度时光，比如低头看鱼
比如把茶杯留在桌子上，离开
浪费它们好看的阴影

我还想连落日一起浪费，比如散步
一直消磨到星光满天
我还要浪费风起的时候
坐在走廊发呆，直到你眼中乌云
全部被吹到窗外
我已经虚度了世界，它经过我
疲倦，又像从未被爱过
但是明天我还要这样，虚度
满目的花草，生活应该像它们一样美好
一样无意义，像被虚度的电影
那些绝望的爱和赴死
为我们带来了短暂的沉默
我想和你互相浪费
一起虚度短的沉默，长的无意义
一起消磨精致而苍老的宇宙
比如靠在栏杆上，低头看水的镜子
直到所有被虚度的事物
在我们身后，长出薄薄的翅膀

我想用一首诗的温度将你唤醒

碑林路人

我想用一首诗的温度
将你唤醒
假如你已经沉沉入睡
假如你躲进时光的缝隙中
假装不再醒来
我就用一夜的星光
为你写诗
还要借着月亮的温度
用美酒
将所有的诗句暖热
然后悄悄地
在你耳边

读给你听

我想用一首诗的温度
将你唤醒
我不想独自
面对黑夜
也不想一个人
虚度时光
我要凝视着你的眼睛
在月光下
为你写诗
写温暖的诗
写能唤醒你生命的诗
我要用诗的韵脚
碰触你的灵魂
然后用诗的语言
毁灭你的梦境

我会将所有的疼痛
写进诗里
也会将悲喜交加的日子
写进诗里
假如
你一直不愿醒来
我就架起一堆篝火
将这些诗句
拆碎　点燃
然后躺进你的墓穴
和你一起
假装　安眠

雨落在窗外

余秀华

但是我依旧呆在被烘干的地方，喝完一瓶酒
把瓶子倒扣，推倒，扶正
再倒扣
窗外的雨忽略着我：一滴抱着一滴，落下
一滴推着一滴，落下
融合也是毁灭，毁灭也是融合
但是一个人要多久才能返回天空，在天空多久才要到
一个落下的过程
——当我把一段烟灰弹落，另一段烟灰已经呈现
我把一个人爱到死去
另一个已在腹中
雨落在不同的地方就有不同声响
没有谁消失得比谁快
没有谁到来得比谁完整
没有谁在雨里，没有谁不在雨里

偶然

徐志摩

我是天空里的一片云，
偶尔投影在你的波心——
你不必讶异，
更无须欢喜——
在转瞬间消灭了踪影。

你我相逢在黑夜的海上，
你有你的，我有我的，方向；
你记得也好，
最好你忘掉
在这交会时互放的光亮！

烦忧

戴望舒

说是寂寞的秋的清愁，说是辽远的海的相思。
假如有人问我的烦忧，我不敢说出你的名字。
我不敢说出你的名字，假如有人问我的烦忧：
说是辽远的海的相思，说是寂寞的秋的清愁。

盼望

席慕蓉

其实　我盼望的
也不过就只是那一瞬
我从没要求过　你给我
你的一生

如果能在开满了栀子花的山坡上
与你相遇　如果能
深深地爱过一次再别离
那么　再长久的一生
不也就只是　就只是
回首时
那短短的一瞬

沁园春·长沙

毛泽东

独立寒秋，湘江北去，橘子洲头。看万山红遍，层林尽染；漫江碧透，百舸争流。鹰击长空，鱼翔浅底，万类霜天竞自由。怅寥廓，问苍茫大地，谁主沉浮？

携来百侣曾游。忆往昔峥嵘岁月稠。恰同学少年，风华正茂；书生意气，挥斥方遒。指点江山，激扬文字，粪土当年万户侯。曾记否，到中流击水，浪遏飞舟？

第二章　散文故事

扫码听音频

走读湖南·挥毫当得江山助

编者按:《挥毫当得江山助》是由湖南省委宣传部指导策划、湖南广播电视台广播传媒中心制作的《跟着汪涵打卡湖南》系列音频节目之一，融媒首发，用“声”临其境的方式解读湖湘文化符号。“天天兄弟”之一、金鹰奖“观众喜爱的男演员奖”获得者王一博倾情推介。

节目精心选取10个具有代表性的湖湘文化现场，由著名作家唐浩明等名家撰写成浅显易懂的故事。湖南师范大学教授黄耀红、凤凰网文化中心总监柳理等专家指导，由汪涵偕魏哲浩、丁文山、仇晓、何帅、李国生等十位湖南广电青年主持人主讲，并邀请沈梦辰、杜海涛、靳梦佳等担任青春宣推官，用年轻人喜爱的表达方式，讲述这些文化现场背后的故事和深远内涵，引导粉丝关注湖湘文化，助力湖南文旅产业破圈推广。

听名嘴讲述湖湘文化，汪涵与丁文山为您带来湖湘大地上的书法之旅——《挥毫当得江山助》。

湖南电台的朋友，大家好，我是汪涵。中国人喜欢说，见字如面，字如其人，谁是湖南字写得最好的人？在钱上写字是违法的，但是有一个人在钱上写了四个大字，不仅没被抓起来，还得到了表扬，这个人是湖南人，他是谁？接下来，由我的朋友丁文山带您前往长沙、永州、郴州，挥毫当得江山助，看湖湘大地上的笔墨之舞。

你好，我是丁文山。湖南卫视主持人，也是一位湖南人。这一站，我们要聊的是书法，我将和你们一起，去探访几位中国历史上的书法大家在湖湘大地上留下的笔墨瑰宝。

（片头语:《走读湖南》之《挥毫当得江山助》）

世界上任何一种文字的创立，最初都是为了记录语言。只有在中国，我们天天使用的汉字兼具了实用和审美的功效，衍生出了独具魅力的书法艺术。今天的我们，习惯了在电脑、手机上打字，似乎已经很少有机会拿起笔，更不用说毛笔了。

这真是太可惜了，你知道吗？有位文学大师，叫林语堂，他说过这样一句话：“谈论中国艺术而不懂书法及其艺术的灵感是不可能的。”而如今的书法爱好者初学书法，往往是从临摹欧阳询、颜真卿开始。这些书法大家，都跟湖南有着千丝万缕的关联。

公元621年，新建立的唐朝终于要铸造属于自己的铜钱了。发行新的货币，这对于一个新的王朝，绝对是头等大事。这就是“开元通宝”，它伴随着唐朝的兴衰，直到北宋建立，才停止铸造。

而写下“开元通宝”几个字的，是湖南人欧阳询。

书以雅而名，钱以俗而称。雅与俗之间，市井与文化之间，欧阳询用他端庄秀美的书法，用一种美的张力把这两者巧妙地联系到了一起。

有人说“唐贞观间能书者，欧阳率更为最善”。欧阳率更就是欧阳询。当时，唐代书法家的朋友圈里，欧阳询是当之无愧的“唐人楷书”第一。

关于欧阳询，《新唐书》有一个故事。欧阳询偶然在路边见到晋代书法家索靖的碑，下马立在碑前，手画心摩，很久才离开。走了几百步，又回头再看。看累了，就找个布垫坐着。晚上，就地而卧。就这样，他在石碑前停留了整整三天！

（背景声：童谣“从前有座山，山上有座庙。从前有座书堂山，书堂山上书堂庙”。）

今天长沙望城区的书堂山，就是欧阳询的家乡。那个席地而坐的身影，如今已成雕塑，矗立于书堂山。不同于现代人习惯用金钱的方式去衡量文艺作品，欧阳询用的是时间的长度、情感投入的热度、心灵体验的深度来表达自己对书法杰作的敬重程度。

世间所有的美与创造，从来就是一种生命的沉醉。

要说到醉，湖南还有一位名垂青史的书法家，叫作怀素。

在中国书法里，草书是最为简便快捷的一种书体，它只保留了汉字的梗概，书写起来真率急就。我们常说的潦草，是指写字不工整，或者做事情不仔细、不认真。可是草书不是潦草，它虽然肆意狂放，却依然遵守着严格的章法。到了唐代，书法家们还嫌不足以倾泻笔墨下的激情，于是就创立了狂草。肆意放纵，激昂慷慨，草到了极致，也美到了极致。

怀素擅长的，就是狂草。他是一位和尚，可偏偏无酒不欢。

他的朋友说他“饮酒以养性，草书以畅志”。如果让他喝够了酒，不管三七二十一，墙壁、衣服、器皿，都成了他挥洒笔墨、笔走龙蛇的对象。

要这么写字，当然费纸。可偏偏怀素还特别穷，无纸可书。于是，他在出家的寺庙种了一万棵芭蕉，用足够大的芭蕉叶尽情书写。如今的永州怀素公园，芭蕉翠绿依然。

怀素的代表作，是《自叙帖》。在这幅作品中，记载了他千里迢迢，从湖南永州到当时的首都长安拜师访友的经历。凭借着他奔放流畅的狂草，怀素在达官贵人朋友圈中肆意潇洒，如入无人境。怀素在长安的朋友圈里有谁呢？有“一舞剑器动四方”的公孙大娘、“自称臣是酒中仙”的诗仙李白；还有一位书法大家，被怀素尊敬地称为“老师”，那就是颜真卿。

颜真卿和怀素的情谊还不止于此，在怀素家乡，颜真卿也留下了他的笔墨痕迹。

永州祁阳市的浯溪碑林，中国最大的摩崖石刻群。其中最名动天下的一幅，就是颜真卿书写的《大唐中兴颂》，文字由诗人元结撰写，文绝、字绝、石绝，是为“三绝”，后人誉作“三绝碑”。

碑文只有一百余字，记录的是安史之乱的始末及其平定过程，至简至朴的文字里隐约藏着一个王朝历史的背影。

那些字，笔画粗壮而不臃肿，结构方正而不呆板。有气度，而不露筋骨；有自信，而不见张狂。这就是颜真卿、元结那个时代的大唐中兴梦。这不只是文字，而是一个王朝的精神窗口，一种生命元气的淋漓表达。

在湖南郴州，还有一幅书法作品，也被称为“三绝碑”。

这三绝，源于诗人秦观、文学家苏轼和书法家米芾。三个人并非有意组合，可是这样才气纵横的三位大师搭配，秦观作词，苏轼写跋，米芾挥毫，为我们留下了千古绝唱。

这面三绝碑，就立在郴州苏仙岭的白鹿洞。

（背景声：诵读《踏莎行·郴州旅舍》“驿寄梅花，鱼传尺素。砌成此恨无重数。郴江幸自绕郴山，为谁流下潇湘去？”）

中国人喜欢说：见字如面，字如其人。不论是多年前欧阳询的楷体、怀素的草书、颜真卿的“颜体”、三绝碑的“集合体”，还是如今我们常听到的井柏然体、徐静蕾体、王珞丹体，它们都是在告诉我们：嘿，要好好写字啦。这不光是颜值一较高下，更是传承浸入我们血脉中的中华文明。

今天，你拿起笔了吗？

（背景声：隔壁老樊《大写中国》“手起笔落，泼一纸的浓墨，两三寸黑白，勾勒九百万山河。豆大的方格，跳五千年脉搏，横平和竖直，撇捺和旁侧，让华夏更巍峨。我写我的风格，写铿锵的骨骼，不屈服不凌弱，红旗飘心炙热；我写我的风格，写十四亿的性格，激情正磅礴，蘸笔墨，把光和热去传播”。）

我们的村庄·地笋苗寨

编者按：《我们的村庄》是中国文联网络文艺传播中心和湖南广播电视台联合喜马拉雅推出的湖南村落系列音频节目。

节目聚焦“精准扶贫”首倡地湖南省的传统村落，将十八洞村、板梁村、下灌村、高椅古村等传统村落的脱贫故事，“绿水青山就是金山银山”的生态观念，最美最念不过家乡山水的乡愁乡念，娓娓道来，让听众从中感知村落文化所包蕴的中华优秀传统文化、物质文化和非物质文化遗产，并在聆听音频讲述中感受十八洞村、板梁村等传统村落奔小康的脚步，感受现代化进程对传统村落的影响。

节目由汪涵、何炅、李兵、魏哲浩、丁文山、仇晓、郑慧琳、何帅、沈梦辰等 15 位湖南广电主持人共同完成。仇晓与丁文山一起为您介绍的，是以国家第一批民族民间非物质文化遗产苗族歌鼟（tēng）著称的传统村落——地笋苗寨。

在湖南省怀化市境内有座古老的山，叫九龙山，这座山有座山峰，远看像一根巨大的竹笋，山下有个古老的苗族村落，就叫地笋苗寨。

这个苗寨属于花苗，花苗人唱着一种古老的山歌——苗族歌鼟，苗族歌鼟成功申报为国家第一批民族民间非物质文化遗产，它是苗族文化的骄傲，更是中华文化的瑰宝。

说起这苗族歌鼟，那可不仅是歌，更是花苗文化的一部全景式录音机。在这里，吃茶有茶歌、喝酒有酒歌、吃饭有饭歌、走山有山歌、担水有水歌、婚恋有情歌。不夸张地说，歌声贯穿着花苗人的生活，也记录着花苗人的生活。

所以，来地笋苗寨听苗族歌鼟，你不仅可以听到这里的青山绿水、前世今生，还能听到花苗人的衣食住行、喜怒哀乐。

从歌鼟中，你能听到自然的声音

地笋苗寨坐落在怀化市靖州县第二高峰——九龙山麓。苗寨林木茂盛，流水潺潺，像世外桃源一样。正是这样幽美的环境，才孕育出了苗族歌鼟。

过去，地笋苗寨的先民们居住在几乎封闭的生态空间里，生活单纯。聆听大自然的各种声音，比如水声、鸟鸣、风吹树木的声音，以及在生产劳动、狩猎时发出的音律，都会给他们带来乐趣。后来，人们开始模拟大自然的各种“和声”，编成高低重叠的旋律来哼唱。再后来，又在长期的选择、加工和提炼中，形成多声部和声音乐，这就是苗族歌鼟。

为什么叫作歌鼟呢？“鼟”字是上面一个敲鼓的“鼓”字，下面一个登山的“登”字。从字面上看，表示击鼓的声音，但在当地却是“上台阶，步步登高”“相互比拼”的意思。

地笋苗寨有 128 栋吊脚楼，楼房沿山坡建造，层层上升，步步登高，展现出典型的花苗民居特色；青石板路层层叠叠，连接着每家每户。地笋苗歌的声部也由低到高，声音层层叠叠，和这里的环境交相呼应。于是，人们就用了这个极度符合地笋苗寨气质的“鼟”字。

从歌鼟中，你能听到生活的声音

苗族歌鼟是一种多声部音乐艺术，有各种各样的形式，有酒歌、茶歌，更有各种各样的情歌。其中，酒歌是苗族在宴席上唱的曲调。人们以歌助兴、以歌会友。在地笋苗寨的人看来，吃酒不唱歌，就像炒菜没放盐，没有味道。

客人来了，他们会唱：“远方的客人啊，你们一路翻山越岭多辛苦。喝干手中这碗酒，神清气爽快乐多。”

吃喜酒，他们会唱：“吃酒就把酒来唱，木弯就把墨来弹。高朋满座来庆贺，打开歌声闹酒台。好时好日歌好唱，歌也好唱酒好尝。金杯银杯斟满酒，普天同庆喜盈门。”

对他们而言，除了酒，唱歌是苗寨最高的待客礼节。宴席上，主客之间歌来歌往，场面十分热闹，同时也带有一点兄弟赛歌、不赛不相识的意思。

在酒宴正式开席之前喝茶点，或者主客对歌前，大家也要唱歌，这歌叫茶歌。这种曲调嘹亮奔放、激越昂扬、富有气势，就像波浪一样起伏绵延。可以男女合唱，少则几人，多则几十人，甚至上百人。“油茶好吃叶连连，生在西天佛面前。只有唐僧想得到，带来凡间伴凡人。”

苗家喝的茶叫油茶，如果你到地笋苗寨，一定要尝尝苗家油茶。茶叶是当地野生的大山茶叶。相传这里的大山茶叶不能移植，所以在苗民心里它象征着忠贞。甚至新娘出嫁都要用这大山茶叶压箱底，这里茶叶也就成了爱情的象征，更是结婚时的一种特殊礼物，这在外面世界可从来没有听说过。

从歌鼟中，你能听到心灵的声音

地笋苗寨的年轻人一到节日，就会打扮得漂漂亮亮，去参加各种各样的活动，比如，七月十四的"赶歌场"、七月十五的踩芦笙。在活动中，他们还是用歌声来表达自己的情意。阿哥会这么唱："初相会，鲤鱼得会清水塘。鲤鱼得会长江水，我良得会聪明郎。"阿妹会这么唱："初相会，范郎得会女孟姜。范郎得会女孟姜，我郎得会大乡良。"

他们通过歌声，寻得了意中人；他们通过歌声，喜结良缘。苗族青年举行婚礼后的第二天，男方要打糍粑来感谢岳父母。新娘则要负责担泡糯米的井水。这一担水不一般,其中浸润着新娘子的歌声。这歌叫《担水歌》。

陪伴新娘担水的是伴娘和"六亲客"。所谓"六亲客"即六位男歌手。新娘挑着水桶，唱着《担水歌》慢慢行走。每走五六步，就要停下来对唱一段："良到井边去担水，担水担到屋楼房。老的得吃加福寿，少的得吃加文才。"

一路上就这样唱唱走走停停，即使家离水井很近，至少也要两个小时才能到家。新娘这担的哪里是水呀，分明是满满的祝福、浓浓的爱。

从歌鼟中，你还能听到历史的声音

我们沉溺于这美妙的歌声，陶醉于现实生活的美好，几乎已经忘却，这关于爱情的歌声，也曾经凄婉悲凉。

一百多年前，一位男子唱着歌，这样深情表白心爱的女子："杉木苗条登天去，郎做青藤树脚缠。青藤缠树到树老，郎要缠姣六十年。"女子深受感动，却痛苦万分，因为她得嫁给舅舅的儿子。她只能这样唱道："因为娘亲舅为大，姑姑之女归舅门。我俩相恋不为数，要做夫妻难上难。"

这是一对相爱却不能相守的恋人。不能相守是因为当地古老的婚姻制度——"舅霸姑婚"。什么是"舅霸姑婚"呢？"舅"是舅舅,"姑"是姑姑。这种婚姻制度规定，姑姑的女儿长大后必须嫁给舅舅的儿子为妻。

这在今天看来属于标准的近亲结婚，但过去苗民与世隔绝，出于繁衍子孙等各种现实考虑，这样的婚姻制度维持了很长时间。

这一婚姻制度极大地限制了苗族人的恋爱和婚姻自由，造成了许多悲剧。"舅霸姑婚"终于引发出一桩命案，震惊整个怀化地区。

清朝道光年间，一个表姐被强行嫁给痴呆又暴躁的表弟为妻，饱受折磨。表姐誓死抵抗，不堪其辱，无奈之下将表弟毒死，自己也被判刑处死。

这个命案发生后，人们纷纷替表姐鸣冤叫屈。地笋苗寨附近二十四寨的长老和族长全都联合起来，经过抗争，终于废除了“舅霸姑婚”制度，并将此刻成碑文,要求大家遵守。今天,这块刻有“群村永赖碑文”的石碑，还立在地笋苗寨中。

这块碑文可以说是苗族人的一座历史丰碑，也是中国少数民族最早的婚姻法之一，在“父母之命，媒妁之言”盛行的时代，能率先树起这样一块关于自由婚恋的石碑，可谓惊世之举。

自此之后，年轻人的自由恋爱得到了肯定。他们或茶棚对歌，或玩山对歌，在歌鼟里寻找意中人，唱着“生也要连死要连，不怕骨头打成棉。骨头打断皮还在，回去医好又来连”，追求自由美好的爱情。

地笋苗寨的歌鼟像这里的山岭一样高低起伏，像这里的石阶一样层层叠叠，像这里的溪流一样源远流长。它串联起这里的生活，它表达着这里的烟火，它诉说着这里的爱情，它寄托着这里的希望。它是这里的歌，也是这里的生活、这里的人。

来地笋苗寨吧，古老的苗族歌鼟，会让你听到这里的山山水水，听懂这里的喜怒哀乐，最终，爱上这里的美好与和谐。

第三章　新闻稿

扫码听音频

新闻稿件的播读具有庄重、朴实、清新、明快的特点。主播应具有一定的新闻敏感性，能迅速抓住各条消息的新鲜点，调动自己的情绪，处于一种“先睹为快”之后“一吐为快”的状态。播音要做到：叙事准确清楚，态度分寸得体，字正腔圆，富有朝气，语句力求紧凑规整。

文化简讯

第十六届中国国际动漫节闭幕

10 月 4 日，由国家广播电视总局、中央广播电视总台、浙江省政府主办的第十六届中国国际动漫节在杭州闭幕。来自 65 个国家和地区的 2 680 家中外企业机构、5 886 名客商展商和专业人士通过线上线下参与动漫节，达成合作意向 1 543 个，现场签约金额超过 2.5 亿元人民币。

旅游简讯

国庆假期首日全国接待国内游客 0.97 亿人次

根据文化和旅游部数据中心测算，国庆假期第一天全国共接待国内游客 0.97 亿人次，同比恢复 73.8%；实现国内旅游收入 766.5 亿元，同比恢复 68.9%，景区和文博场馆实行“预约、错峰、限流”已成常态。

教育简讯

硕博专业学位研究生招生规模将扩大

教育部日前公布，到 2025 年，以国家重大战略、关键领域和社会重大需求为重点，我国将增设一批硕士、博士专业学位类别，硕士专业学位研究生招生规模将扩大到硕士研究生招生总规模的三分之二左右，博士专业学位研究生招生数量也将大幅增加。

科技简讯

我国成功发射高分九号 04 星

8 月 6 日，我国在酒泉卫星发射中心成功发射高分九号 04 星并送入预定轨道。高分九号 04 星是一颗光学遥感卫星，地面像元分辨率最高可达亚米级，可用于国土普查、城市规划、防灾减灾等多个领域。此次发射还搭载了清华科学卫星。

财经简讯

创新货币政策工具　直达实体经济

中国人民银行 6 月 2 日表示，今年年内到期的普惠小微企业贷款都可以享受延期还本付息，预计延期政策可覆盖贷款本金约 7 万亿元。同时，人民银行将按地方法人银行实际发放信用贷款本金的 40% 提供优惠资金，期限一年，预计可带动新发放普惠小微企业信用贷款约 1 万亿元。

法律简讯

中国裁判文书网文书总量突破一亿篇

记者从最高人民法院获悉，截至 2020 年 8 月 30 日 18 时，中国裁判文书网文书总量突破 1 亿篇，访问总量近 480 亿次。目前，全国 31 个省（区、市）及新疆生产建设兵团的三级法院已全部实现生效裁判文书上网公布，中国裁判文书网已成为全球规模最大的裁判文书公开网站。

体育简讯

2023 年亚洲杯场馆西安国际足球中心开建

西安国际足球中心 8 月 13 日开工建设，这是我国西北地区第一座专业足球场，也是 2023 年亚洲杯主场馆之一，占地 280 亩，固定座席 6 万座，能够承接除世界杯开闭幕式以外的所有国际 A 级足球赛事。

生活简讯

深圳开通全国首个“刷脸缴税”窗口

日前，深圳开通全国首个“刷脸缴税”窗口，纳税人只需通过人脸识别加输入密码的方式即可安全快捷地缴纳税款，实现无介质缴税。人脸缴税可以帮助办税服务厅提高 50% 以上的缴税效率。

第四章　主持词

主持词是主持人于节目进行过程中串联节目的串联词。如今的各种演出活动和集会中，主持人往往成了主角，而主持人在台上所呈现的主持词，则是集会的灵魂之所在。

主持词一般由开场白、中间部分与结束语组成。

开场白是演出或其他开场时引入主题的道白、介绍或讲话等开始的部分。

结束语是末了带有总结性的一段话。

主持词大体上可分为会议主持词、文艺演出晚会主持词、赛事活动主持词、节庆活动主持词、婚庆礼仪主持词等。

主持人在各种活动中既是组织者、主持者，又是指挥者，是统领、引导、推进活动进程的人。随着社交活动的增多，主持人主持的范围也逐渐外延，成为当前十分走俏的热门行当。一些单位或部门，在举行各种会议、联欢会或竞赛活动时，大都采用节目主持人的形式。然而，好的主持词则是发挥主持人主持水平的关键。

2024 年春节联欢晚会主持词（片段）

亲爱的观众朋友们，大家过年好。

这里是中央广播电视总台 2024 年春节联欢晚会的直播现场。我们和全国各族人民、全世界的中华儿女相约守岁，喜迎甲辰龙年的到来。

今夜，我们辞别旧岁，华章谱新。过去的一年，我们守望相助，砥砺前行。无论风霜雨雪，我们同心鼓舞又一个春天。

今夜，我们举国同庆，共度佳节。九州春色，四方欢歌，洋溢着万物复苏的勃勃生机。无论天南海北，神州大地，欢庆又一个新年。

今夜，我们放下一年的忙碌，依偎在家人身边，团聚在幸福门前，无论千里万里，中华儿女共同奔赴一场团圆。

今夜，我们共享春晚这道年夜大餐。我们的奋斗、我们的欢乐、我们的感动，就是我们的春晚。无论荧屏内外，龙的传人共书新春祝福。

龙行东方，春满中华。龙腾华夏，福到万家。在这迎春纳福、喜庆吉祥的日子里，我们给大家拜年啦！

…………

难忘今宵，到了说再见的时候了。

愿今宵的感动和欢乐，陪伴我们拥抱更温暖的生活；愿今宵的灯火和星光，照亮我们前往更辽阔的远方！

告别今宵，我们站在一个崭新的起点；告别今宵，愿我们充满信心，把日子过得更好！

新的一年，让我们更加紧密地团结在以习近平同志为核心的党中央周围，只争朝夕，顽强奋斗，以中国式现代化全面推进强国建设民族复兴伟业。

四季福暖人常在，九州龙腾迎春来。

中央广播电视总台2024年的春节联欢晚会到这里就结束了，再一次祝福大家新春快乐！明年的春晚再见！（来源：中央广播电视总台）

在2024年青海同仁湖南文旅推介开幕式上的欢迎词

（2024年4月12日）

青海省黄南州委常委、同仁市委书记　何杰

尊敬的徐蓉副台长，各位领导、各位来宾，女士们、先生们、媒体朋友们：

大家上午好！

“春风如贵客，一到便繁华。”非常高兴在万物复苏、春色醉人的美好时节，与大家相聚在湘江之畔、橘子洲头，共同举办“高原胜境·‘湘’会同仁”2024年青海同仁湖南文旅推介会。在此，我谨代表中共同仁市委、同仁市人民政府，向莅临本次活动的各位领导、各位嘉宾表示热烈的欢迎，向长期以来关心支持同仁发展的各界朋友表示衷心的感谢！

习近平总书记指出，要坚持以文塑旅、以旅彰文，推进文化和旅游深度融合发展；要增强中华文明传播力影响力，推动中华文化更好走向世界。

湖南人才荟萃、红色芳华、山河壮丽，古色、红色、绿色相映成画，历史、人文、山水交融辉映。长沙千年古韵、灵气闪耀、烟火繁华，被称为东亚文化之都、世界媒体艺术之都，连续 16 年蝉联“中国最具幸福感城市”，是全国人民心中向往的打卡胜地。这次在长沙举办“高原胜境·‘湘’会同仁”文旅推介会，旨在深入贯彻习近平总书记重要指示要求，用文化深度融合，拓展各民族交流交往交融渠道，促进两地在各领域的友好合作、共同发展。在这里，我们向 1 000 多万长沙人民发出“金色谷地迎贵客，春风十里聚同仁”的盛情邀约，欢迎大家来同仁做客，亲身感受“金色热贡、梦想成真”的真挚情意。

走进同仁，徜徉美景，体验山水风光之秀美。同仁地处三江之源，是“中华水塔”的忠诚守护者，人与自然和谐共生、万物争荣的壮美画卷正拾级而上，绿水青山是我们的优势和骄傲。在同仁，你可以登上神秘巍峨的阿米夏琼雪山，体验“银装素裹天地宽”的气势磅礴；置身瓜什则大草原，享受“风吹草低见牛羊”的逍遥自在；眺望灿如明霞的双朋西丹霞地貌，感受“有山千丈色如丹”的鬼斧神工。让我们与自然对话，览山河胜景、赏清风云舒，共赴一场生态如画的美丽之约。

走进同仁，穿梭时光，感受历史人文之魅力。同仁作为青海唯一的国家级历史文化名城，享有“中国民间文化艺术之乡”“中国藏族热贡神舞之乡”的美誉，拥有的热贡艺术、热贡藏戏等多项世界非物质文化遗产，是中华优秀传统文化的重要瑰宝。在同仁，你可以亲临明熹宗皇帝题匾“西域胜境”的隆务大寺和被誉为“东方庞贝古城”的保安古寨堡，倾听千百年历史深处的回响；走进和谐共荣的“五教一条街”，感受“你中有我、我中有你”的团结情感；探索古老神秘的“藏乡六月会”“土族於菟舞”，体验一场人神共娱的民俗盛会。让我们与心灵对话，承文化之源、探古今之谜，共赴一场启润心灵的精神之约。

走进同仁，惬意生活，尽享悠然自得之美好。同仁美在山水、秀在人文，是青藏高原上的“天然氧吧”、游山玩水的避暑胜地。在同仁，你可以听一曲高亢嘹亮的青海花儿，跳一支热烈奔放的藏族锅庄，画一幅亲手绘制的精美唐卡，体验一次马背上的速度与激情，解锁更多休闲旅游新玩法；可以品尝肉质鲜嫩的有机牛羊肉、风味正宗的“老八盘”、麦香十足的热贡土烧馍、清热解渴的黄果饮品，尽享惊喜不断的饕餮盛宴；还可以栖身在山野间的特色民俗、古堡里的藏式客栈，使身心在世外桃源得到充分放松。让我们与生活对话，品人间美味、享山野风光，共赴一场诗意闲适的度假之约。

走进同仁，共享机遇，推动互利共赢之未来。同仁地处青甘川三省枢纽地带，是青海最年轻的县级市，突出的区位、广袤的土地、富集的资源、厚重的人文，赋予了我们得天独厚、前景广阔的发展机遇。当前，同仁春潮涌动、干劲十足，正以青海打造生态文明高地、建设产业“四地”为牵引，大力发展清洁能源赋能“东数西算”，为加快培育新质生产力借势蓄力。我们深入践行“干部要干、思路要清、律己要严”工作要求，为营商软环境提供了强劲硬支撑。让我们与时代对话，寻发展良机、聚发展合力，赴一场春华秋实的奋进之约。

行至同仁，定有梦与美景；畅游同仁，便是诗和远方。勤劳淳朴、善良热情的同仁各族人民，热烈欢迎四海宾朋前来做客。最后，预祝本次盛会圆满成功，恭祝各位领导、各位宾朋所愿皆所得，万事皆胜意。谢谢大家！（来源：湖南广播电视台）

扛牢“首倡之责”　奔向共同富裕
——在“十八洞”减贫与发展论坛开幕式上的致辞

毛伟明

很高兴与大家相聚在美丽的湘西州，共同参加“十八洞”减贫与发展论坛。在此，我谨代表中共湖南省委、湖南省人民政府，向各位嘉宾的到来，表示热烈欢迎！向长期以来关心支持湖南高质量发展的各界朋友，表示衷心感谢！

十年前，习近平总书记亲临湖南考察，在十八洞村首次提出“精准扶贫”重要理念，引领中国全面打响脱贫攻坚战，使占世界人口近五分之一的中国，历史性地消除了绝对贫困现象，为全球减贫事业发展和人类发展进步作出了重大贡献。

十年来，湖南始终牢记嘱托，扛牢“首倡之责”，彰显“首倡之为”，举全省之力推进脱贫攻坚，贫困地区面貌和贫困群众生活发生历史性变化，全省 682 万农村贫困人口、6 920 个贫困村、51 个贫困县在 2020 年前全部脱贫摘帽，尤其是十八洞村“一步跨千年”，成为我国脱贫攻坚伟大事业的成功缩影、靓丽名片。

投身火热实践奏响“大地颂歌”，全省 7.4 万支工作队、21 万名工作队员，以热血赴使命、以行动践诺言，全身心投入脱贫攻坚、乡村振兴火热实践，极大密切了党群干群关系，显著提升了奋发向上精气神。

促进三湘大地实现“山乡巨变”，实现经济大跃升、产业大发展、交通大提升、环境大改善，脱贫县农村居民人均可支配收入，由 2014 年的 6 461 元增加到 2022 年的 14 714 元，处处呈现出翻天覆地的历史蝶变，铺展出山河锦绣的时代画卷。

这些成绩的取得，彰显的是习近平总书记“精准扶贫”重要理念的真理伟力，体现的是中国共产党领导和社会主义制度的巨大优越性，践行的是以人民为中心的发展思想，依靠的是全省上下齐动员、社会各界全参与。

从此，贫困地区人民群众在物质和精神上由被动转向主动，大踏步走向新时代新征程新生活。

脱贫攻坚创造的“人间奇迹”，极大提振了干部群众的志气、骨气、底气。我们将认真践行习近平总书记“精准扶贫”重要理念，大力弘扬脱贫攻坚精神，巩固脱贫攻坚“好成果”，切实做好巩固衔接工作，扶上马送一程、搭把手立稳身，让脱贫基础更加稳固、成效更可持续；跑好乡村振兴“接力赛”，抓实“五千工程”和“六大强农”行动，打造生产兴旺、生态优美、生活富裕的“和美湘村”；书写共同富裕“新答卷”，在有效衔接、乡村振兴和高质量发展中，推动更高水平的成果共享，让人民群众获得感更多、幸福感更强、安全感更足。

各位嘉宾、同志们！美美与共，天下大同。此次论坛以“共享减贫经验、建设和美乡村”为主题，与世界各地分享实践经验、深化交流合作。我们愿以此为契机，深入落实联合国《2030 年可持续发展议程》减贫目标，争当减贫事业的积极参与者、共同富裕的主动推动者、高质量发展的全力贡献者。我们坚信，在习近平总书记“精准扶贫”重要理念科学指引下，一定能再续荣光、再创辉煌，在社会主义现代化建设中彰显湖南作为，为世界减贫事业发展提供更多湖南经验。（来源：湖南省人民政府门户网站）

罗照辉署长在全球共享发展行动论坛
第二届高级别会议欢迎晚宴上的致辞

尊敬的各位来宾，女士们、先生们：

很荣幸主持今日晚宴，欢迎大家参加论坛。

今天，我们因三个关键词在此相聚，这三个词的缩写是 DAU。D 代表发展（Development），A 代表行动（Action），U 代表团结（Unity）。

发展。发展是解决所有问题的总钥匙。发展是重中之重。联合国 2030 年可持续发展目标（SDGs）是联合国大家庭达成的最大发展共识。3 年前，习近平主席提出全球发展倡议（GDI）。全球发展倡议注重共享发展和加快可持续发展议程。蓝图已经绘就。然而，当今世界正面临大国竞争、地区冲突、疫后经济疲软和多边主义受挫。当前地缘政治形势促使我们推动发展议题重回国际议程的中心位置。

行动。自去年开展可持续发展目标中期评估以来，联合国正筹备召开未来峰会。中国也在行动。一年前，同样的地点，同样的时间，150 多个国家、国际和地区组织参加论坛首届高级别会议。我们发表《北京声明》，成立全球发展项目库和资金库，从国内外金融机构筹集 120 亿美元。一年来，我们取得了巨大进展，项目库 1 000 多个项目中，已有 500 多个进入实施阶段。今天的论坛更是吸引了 160 多个国家、国际组织和其他机构代表参加。

团结。我们应团结一致，共同努力落实全球发展倡议和可持续发展目标。联合国应成为强劲动力，全球南方和北方国家应共同努力。非政府组织、智库、国际和区域组织、私营和公共部门也应同心协力。

DAU（发展、行动、团结）是全球发展倡议的重要目标，是我们相聚于此的原因，也是本届论坛向世界传达的强烈而明确的信号。

朋友们，人生苦短。如何利用短暂的生命让世界变得更美好？这个问题值得我们所有人思考、再思考。可持续发展目标和全球发展倡议必须实现。我们必须共同行动。我们不能让任何一个国家、任何一个人掉队。

我提议，为了大家的健康，为了论坛的成功，为了我们更美好的未来，干杯！（来源：国家国际发展合作署门户网站）

第五章　当众讲话

当众讲话是指在公众场合，以有声语言为主要手段，以体态语言为辅助手段，针对某个具体问题，鲜明、完整地发表自己的见解和主张，阐明事理或抒发情感，进行宣传鼓动的一种语言交际活动。

当众讲话大体有如下四种：照读式讲话、背诵式讲话、提纲式讲话，即兴式讲话。

（1）照读式讲话，亦称读稿式讲话。讲话者拿着事先写好的讲稿，走上讲台，逐字逐句地向听众宣读一遍。其内容经过慎重考虑，语言经过反复推敲，结构经过精心安排，话讲得郑重。它比较适合于在重要而严肃的场合运用，如各级党代会、人代会、政协会议等大会报告，纪念重大节日的领导人讲话，外交部的声明，等等。它的缺点是照本宣科，影响演讲者与听众之间思想感情交流。

（2）背诵式讲话，亦称脱稿讲话。讲话者事先写好讲稿，反复照背，背熟后上讲台，脱稿向听众演讲。这种讲话方式比较适合于演讲比赛和初学演讲者，可以在一定程度上培养和检验讲者的演讲能力。其缺点是不便于讲者临场发挥，一旦忘词就难以继续，往往要当场出丑。所以，运用这种讲话方式，必须做好充分准备，语言尽量口语化，表达自然，切忌带有表演的痕迹。

（3）提纲式讲话，亦称提示式讲话。讲话者只把讲话的主要内容和层次结构按照提纲形式写出来，借助它进行讲话，而不必一字一句写成讲稿。其特点是能弥补照读式讲话和背诵式讲话与听众思想感情缺乏交流的不足。演讲者根据几条原则性的提纲进行演讲，比较灵活，便于临场发挥，真实感强。这种讲话方式又具有照读式讲话和背诵式讲话的长处：演讲者事先对讲话的内容有充分准备，可以有一定的时间收集材料，考虑讲话要点和论证方法；但不要求写出全文，而是需要提纲挈领地把整个讲话的主要观点、论据、结构层次等用简练的句子排列出来，作为演讲时的提示，靠它开启思路。提纲式讲话是初学演讲者进一步提高演讲水平的行之有效的一种演讲方式。

（4）即兴式讲话指讲话者预先没有充分准备而临场生情动意所发表的讲话。它是难度最大、要求最高、效果最佳的讲话方式。

演讲者可以根据实际情况，针对听众的心理和需要，灵活机动，迅速调动语言的一切积极因素，其以悬河之口展现出生动、直观、形象的直接感染力，是其他各种讲话方式都无法比拟的。

使用即兴讲话方式需要讲话者具有德、才、学、识、胆诸方面很高的修养，具有很强的记忆力、丰富的想象力和联想力、敏捷的思维能力、大量的语言和材料储备……如果不具备这些条件，使用这种讲话方式就不会取得理想的讲话效果，而且，往往还会出现信口开河、漫无边际、逻辑混乱、漏洞百出的现象。这样反倒影响了讲话的效果。虽然很难，但每位讲话者必须争取掌握这种讲话方式。只要下苦功，肯定是会学到手的。

扫码看视频

丁文山在中国传媒大学主办的第十五届“大学生声音潮流季”颁奖典礼上的即兴发言

尊敬的各位领导、各位来宾，亲爱的老师和同学们：

大家晚上好！

我是丁文山。很高兴也很荣幸能借“大学生声音潮流季”和大家在中传相聚，我想我们中传是汉语有声语言教育的最高的殿堂，如果在这里和大家谈论一些创作的具体方式和方法，可能有一些班门弄斧了。

今天想和大家分享的或许是大家在课堂里接触不到的东西，也是我多年的艺术实践中关于艺术交流和艺术思考的一些心得。

我和很多门类的艺术工作者，还有一些专家、学者都做过交流，都得到过大家的首肯，当中不乏大家和名家。在这里与大家分享，也希望能对大家有所启发。

这个心得是什么？就是我们艺术工作者的职业规划，因为我们从事的职业和事业的特殊性，我们也可以把其称为艺术生涯或者艺术生命。我觉得一位优秀的艺术工作者，他的艺术生涯大致可分为三个阶段。

第一个阶段，我们把它称为自给。刚刚走向社会、初出茅庐的一位艺术工作者，他其实和其他的年轻人并没有什么不同，他首先要解决的问题是吃饭。所以在合法合规的前提之下，我们选择工作的主旨，甚至可能是唯一的主旨，就是获得收入。可能在这个阶段我们会犯一些小的错误，可能我们会打一打价格战，可能我们会放弃自己的艺术主张，全心全意地任客户摆布，但是没有关系，也不要不好意思，因为人只有经济独立了以后，才能谈及其他层面的任何东西。

第二个阶段，我们把它称为精进。精彩的精，进步的进。到这个阶段，我们就不再以获得收入作为自己选择工作的唯一标准了，我们甚至会主动放弃一些只是获得收入的工作，我们会挑选那些具有成长性、挑战性的工作，让自己的艺术能力不断提升。同时，因为我们有选择性地开展工作，我们也有时间和空间来进行我们的艺术回溯、艺术沉淀和艺术思考。那么在这个阶段，我们的艺术能力、艺术本能、艺术感悟在不断地步步为营，稳扎稳打地提升。

再说到第三个阶段，我们把它称为挥洒。就是一位艺术工作者，他逐渐形成了自己独到的风格。他的艺术创作总是异于同行，但是又合情合理、打动人心。有一个很具体的例子，2019 年有一批著名的电影导演拍摄了一部国庆献礼片，叫作《我和我的祖国》，当时的主题歌是王菲演唱的。一改以往那种大气恢宏、磅礴正式的处理方式，王菲把这首歌处理得阳光、轻快、欢愉。这样的演绎方式，在当时其实引起了一段时间的争论，但是，好几年过去了，我们回头再来看，在各个音乐播放软件上，我们都可以搜到王菲版本的《我和我的祖国》，不可否认，这是一个绝对上乘的艺术创作。我和我的艺术界的朋友们，还有一些学者都觉得这个作品的演绎达到了挥洒的层级。

如果说这三个阶段是我们艺术人生的三个阶梯的话，大家会觉得哪个阶梯的跨越是最为困难的呢？

从自给到精进。

我也是这么认为的。非常遗憾，其实有很多很有天赋、很有可能性的艺术工作者、艺术同行，可能一不小心就把自己的整个艺术生涯都困在了这个阶段。对，因为他们在以自己的方式来工作，他们只要轻松愉快地不断重复自己，他们没有时间，也没有精力进行艺术回溯、艺术反思、艺术沉淀、艺术思考，所以渐渐地他们的作品就失去了活力，成为简单的流水线的工业化的作品，这是非常让人惋惜的。

其实，在生活中我们一定要意识到，就好像刚才相声里说到的，金钱很重要，但是金钱永远只是工具，只是手段，它不是我们生活的目的，在艺术领域更是这样。

还有一点要提醒大家，这三个阶段不是僵化的，它不是死板的，它是动态的。很有可能一位艺术工作者已经达到了挥洒的层级，但是他依然觉得自己还有提升的空间，他可以主动地退回到精进的阶段，不断地寻找新的可能性。而已经进入精进阶段的一位艺术工作者，他可能会遇到一些很具体的困难，他会主动地退回到我们刚才说的自给的阶段，首先来解决眼前的问题。但这些都不妨碍我们最终向着挥洒发起一次又一次的冲击。

（主持人）谢谢老师，让我们再次把掌声送给两位老师！太值了，看一场晚会就像听了一堂艺术素养课一样。

（丁文山）谢谢，祝愿大家都能找到自己的挥洒，都能在艺术世界里找到更好的自己，谢谢大家，祝福大家！

（主持人）谢谢老师！

人格是最高的学位

白岩松

编者按:《人格是最高的学位》是中央电视台著名节目主持人白岩松参加“演讲与口才杯”全国新闻界“做文与做人”演讲比赛时所做的演讲。这篇演讲词融事、情、理为一体，立意深远，构思巧妙，通篇闪耀着理性的光彩，在强手如林的比赛中独占鳌头，获得特等奖的殊荣。

很多很多年前，有一位学大提琴的年轻人去向本世纪最伟大的大提琴家卡萨尔斯讨教：我怎样才能成为一名优秀的大提琴家？

卡萨尔斯面对雄心勃勃的年轻人，意味深长地回答：先成为优秀而大写的人，然后成为一名优秀和大写的音乐人，再后就会成为一名优秀的大提琴家。

听到这个故事的时候我还年少，老人回答时所透露出的含义我还理解不多，然而随着采访中接触的人越来越多，这个回答就在我脑海中越印越深。

在采访北大教授季羡林的时候，我听到一个关于他的真实故事。有一个秋天，北大新学期开始了，一个外地来的学子背着大包小包走进了校园，实在太累了，就把包放在路边。这时正好一位老人走来，年轻学子就拜托老人替自己看一下包，自己则轻装去办入学手续。老人爽快地答应。近一个小时过去，学子归来，老人还在尽职尽责地看守。谢过老人，两人分别！

几日后是北大的开学典礼，这位年轻的学子惊讶地发现，主席台上就座的北大副校长季羡林正是那一天替自己看行李的老人。

我不知道这位学子当时是一种怎样的心情，但我在听过这个故事之后却强烈地感觉到：人格才是最高的学位。

这之后我又在医院采访了世纪老人冰心。我问先生：您现在最关心的是什么？老人的回答简单而感人：是年老病人的状况。

当时的冰心已接近人生的终点，而这位在“五四”爆发那一天开始走上文学创作之路的老人心中对芸芸众生的关爱之情历经近 80 年的岁月而依然未老。这又该是怎样的一种传统！

冰心的身躯并不强壮，即使年轻时也少有飒爽英姿的模样，然而她这一生却用自己当笔，拿岁月当稿纸，写下了一篇关于爱是一种力量的文章，然后在离去之后给我们留下了一个伟大的背影。

今天我们纪念“五四”，80 年前那场运动中的呐喊、呼号、血泪都已变成一种文字留在典籍中，每当我们这些后人翻阅的时候，历史都是平静地看着我们，这个时候，我们觉得 80 年前的事已经距今太久了。

然而，当你有机会和经历过“五四”或受过“五四”影响的老人接触，你就知道，历史和传统其实一直离我们很近。

世纪老人在陆续地离去，他们留下的爱国心和高深的学问却一直在我们心中不老。但在今天，我还想加上一条，这些世纪老人所独具的人格魅力是不是也该作为一种传统被我们向后代延续？

前几天我在北大听到一个新故事，清新而感人。一批刚刚走进校园的年轻人，相约去看季羡林先生，走到门口，却开始犹豫，他们怕冒失地打扰了先生。最后决定，每人用竹子在季老家门口的土地上留下问候的话语，然后才满意地离去。

这该是怎样美丽的一幅画面！在季老家不远，是北大的博雅塔在未名湖中留下的投影，而在季老家门口的问候语中，是不是也有先生的人格魅力在学子心中留下的投影呢？只是在生活中，这样的人格投影在我们的心中还是太少。

听多了这样的故事，便常常觉得自己是只气球，仿佛飞得很高，仔细一看却是被浮云拖着；外表看上去也还饱满，肚子里却是空空。这样想着就有些担心了，怎么能走更长的路呢？

于是，“渴望年老”四个字对于我就不再是幻想中的白发苍苍或身份证上改成 60 岁，而是如何在自己还年轻的时候，便能汲取优秀老人身上所具有的种种优秀品质。

于是，我也更加知道了卡萨尔斯回答中所具有的深意。怎样才能成为一个优秀的主持人呢？心中有个声音在回答：先成为一个优秀的人，然后成为一个优秀的新闻人，再然后是自然地成为一名优秀的节目主持人。

我知道，这条路很长，但我将执着地前行。

（引自《演讲与口才学生读本》）

站在“两个一百年”历史交汇点

编者按：在全国大学生党史知识竞答大会总决赛的舞台上，来自中国人民解放军国防科技大学的博士研究生路阔荣获总冠军！路阔代表新时代青年学子，以“站在‘两个一百年’历史交汇点”为题进行演讲，获得掌声不断。他让我们更加真切地看到，青春因磨砺而出彩，人生因奋斗而升华！

大家好，我叫路阔，是中国人民解放军国防科技大学的博士研究生。

这一个“七一”，我们将迎来一个期待已久、永载史册的伟大时刻，这就是党的百年华诞，就是第一个一百年奋斗目标的胜利实现。

站在“两个一百年”历史交汇点，回望过往奋斗路，历史苦难辉煌，我辈当自强！

一百年来，一代代共产党人，为了自己心中的初心和理想，抛头颅，洒热血，勇奋斗，以青春之我，创青春之中国。

站在“两个一百年”历史交汇点，凝望脚下奋战路，使命落在肩上，我辈当自强！

当前，国际形势纷繁复杂，科技竞争日趋激烈，我们必须要把关键技术的核心命门牢牢把握在自己的手中。使命在肩，奋斗有我。2018 到 2019 年，连续两年，我担任参赛队队长，带队代表中国赴埃及参加国际无人系统创新挑战赛，以绝对的优势击败数十支外国代表队，蝉联两次冠军，让五星红旗骄傲地飘扬在赛场高空，受到埃及国防部长、中国驻埃及大使等人接见。

去年，我研制成功一款具有独立自主知识产权的微陀螺仪，填补了我国高性能微惯性器件的空白，打破国外技术封锁，性能世界领先，因此，我荣获中国青少年科技创新奖。

站在“两个一百年”历史交汇点，眺望前方奋进路，我辈当自强！

2035（年）、2049（年）是习主席为我们规划的复兴节点，也必将落入我们这一代人的生命印记。作为一名奋战在建设世界一流军队伟大征程中的共和国军人，明年，我将完成博士学业，奔赴工作岗位，到祖国最需要的地方去，献身国防，矢志强军，请人民放心，请祖国检阅！

我不祝你们一帆风顺

陈幸蕙

编者按：作家陈幸蕙的演讲能够取得成功，让人觉得耳目一新，关键就在于她巧妙地运用了逆向思维，对人们的一些传统的言行发起了挑战，得出了一个全新的见解，从而使自己的演讲立意新颖而引人入胜。

我不祝你们一帆风顺，在这最后一堂国文课上，在我们即将分手道别的时刻。

这样看来，我好像是一个不近人情的老师。

但是，英雄临行，我们岂不都以掷地有声的铿锵言语相赠？而对于你们，未来人生战场上的英雄，面对你们出发前的踌躇满志，面对你们21岁年轻生命的纯洁、灿烂与飞扬，作为一个在课堂上与你们共处了两年的教师，我又如何能以“一帆风顺”如此平淡、软性且曾被无数人使用过的无关痛痒的陈词，来作为这临别时刻的祝福呢？

我相信，一帆风顺的幸运，并不是你们所企求、向往的境界。尼采说：“如果你低估一个水手的能力，那么，就祝他一帆风顺吧！”而我，当然不愿低估你们的能力，漠视你们锐不可当的蓬勃英气，抹杀你们想征服人生的豪情与勇敢，因此，在这“君子临行，赠人以言”的重要时刻，我实在不能，也不愿随便且随俗地，只以一句“一帆风顺”轻松打发。

是的，我不祝你们一帆风顺，是因为我对你们有着更深的祝愿、更大的盼望、更高的期许。

生命需要经过严格的淬炼，才能展现它耀眼的光华与纯美的质地。平静的海面，永远只是一幅单调的风景，只有当轰然大浪撞击在耸立不屈的巨岩上，千万洁白似雪、动人心魄的浪花，才会在晴空丽日之下，激射开来，迸散开来。

如果你们愿意让自己是一柄等待出鞘的宝剑，青锋三尺，辉芒亮眼，如果你们宁可选择一条较多考验的人生之路，而非取巧、偷懒的快捷方式，那么，请在这分手的一刻，接受我由衷的赞美与敬礼吧！

并不是风平浪静的人生不值得追求，并不是遇到平坦易行、较少艰险的道路，便要刻意回避！不是的，只因为那样的生命历程，太缺少挫折、挑战、艰辛……换言之，太缺少磨炼——在你们还如此年轻的时刻，在你们还如此充满阳刚气息的年龄，那实在不适合你们。更何况现实人生本就需要我们不断去奋斗，去为自己的信念、目标和坚持，热烈地活出光彩来。

在你们人生的早晨，在你们扬帆待发的清晨，我并不祈求风暴远离、重担轻省、横逆减少；我只愿你们在迎面遇上这些不可避免的、挫人锐气的难题时，能有足够的勇气与智慧，去面对、克服、化解和包容，做一个真正的永不屈服的英雄。

那样，当我们流汗流泪、扎扎实实地走过这艰难的人生之后，有一天双脚站稳在大地之上，我们才能欣慰无愧地互告："生命像一段假期，让我们携手共享。"

（引自《晚报文萃》）

竞选演讲

编者按：竞选演讲越来越成为行政机关、企事业单位考核、遴选干部的常态化程序，越来越受到人们的关注与青睐。竞选演讲的程式化很强，主要讲自己的简历、以往工作成绩、对竞聘岗位的看法，以及干好竞聘岗位工作的优势和做法。但是，同样是这几项内容，有的演讲让人愿意听，甚至能深入人心、打动听众，有的却让人不大爱听，甚至招人厌烦。下面以一篇竞选演讲稿为例，谈谈其中的演讲技巧（见文后）。

在江苏省响水中学举行的"首届教师奖励基金"提名人演讲竞选中，由全体教师根据30位提名人的演讲，现场评选出10名获奖教师。最后，顾红梅老师凭借出色的演讲脱颖而出，并在10位获奖者中名列前茅。顾老师演讲稿的全文如下：

各位老师：

大家下午好！

我是顾红梅，今天能有机会站到主席台上和响中的全体同仁说几句心里话，感到万分荣幸，同时也非常紧张，因为响中比我能干的人很多。

因怕耽误大家太多的时间，我就不再重复材料上的内容了，请大家自己看第 3 页上的 20 号材料，绝对真实，假一罚十。

说实话：做教师难，获奖励基金更难，女教师获奖励基金更是难上加难。因为女教师不仅要承担和男教师相同的“传道、授业、解惑”的任务，还要肩负起“相夫教子”的责任。

常言道：成功女人的背后要站着一大群男人。我觉得，今天我如要成功的话，不仅要有广大女同胞做坚实后盾，还需要广大男同胞鼎力相助。

顾红梅让大家费心了！谢谢！

【赏析】

这是一篇简短幽默、机智坦诚、独具匠心的演讲稿。演讲者能够从 500 余名教师中脱颖而出，进入前 30 名的候选名单，并非易事——提名教师个个可谓精英骨干。在大家实力、实绩相当的情况下，演讲便显得至关重要。顾老师这篇演讲，为她最后获奖赢足了选票。

（1）篇幅简短，不让听众厌烦。

林语堂说过：演讲就像女人的裙子，越短越好。

这篇演讲稿可谓短小精悍、简洁之至。学校规定每个人演讲时间不超过 5 分钟，一般老师都要用 4 分钟左右时间。顾老师演讲顺序排在第 20 位，轮到她时，演讲已经进行了一个多小时，坐在台下的老师难免出现“听觉疲劳”。另外，考虑到前面竞选的老师介绍简历和实绩耗时过多，因此她演讲时省略了这部分内容，仅用“请大家自己看第 3 页上的 20 号材料”一句带过（演讲开始前，学校已将候选人的简历与实绩编印成册发到台下教师的手里）。整个演讲过程，顾老师能简则简，仅用了 1 分钟多一点的时间，大大地减轻了台下老师的“听觉负担”，满足了大家对“简短演讲”的期待。

（2）幽默风趣，激活会场气氛。

顾老师之前 19 位老师的演讲内容差不多都是在复述材料，没有新意，模式机械单调。时间一长，台下很多老师便心不在焉，会场气氛显得十分沉闷。顾老师的演讲则与众不同，她抛开材料的内容，用幽默的话语逐渐激活了会场的气氛。她以一句“绝对真实，假一罚十”，首先打破了沉闷的气氛；接着又仿照春晚小品《策划》说了一句“做教师难，获奖励基金更难，女教师获奖励基金更是难上加难”，幽默诙谐，进一步激活了会场气氛；最后引用了本是讽刺善于利用男人的女人的一句话“成功女人的背后要站着一大群男人”，让台下的老师笑得前仰后合、倦意全无，会场气氛一下子达到了高潮。

（3）机敏智慧，兼顾男女同事。

“妇女半边天”，顾老师首先设法引起“女同胞”的共鸣。“做教师难，获奖励基金更难，女教师获奖励基金更是难上加难”一句，形象地道出了女教师的不易。“因为女教师不仅要承担和男教师相同的‘传道、授业、解惑’的任务，还要肩负起‘相夫教子’的责任”一句，更是说到了女教师的心坎上，道出了女教师工作的辛苦，激起了女教师的强烈共鸣，也让在场的男教师肃然起敬。在有了“女同胞”做“坚实后盾”的基础上，顾老师也不冷落在场的男教师，“成功女人的背后要站着一大群男人”一句，同样博得了男教师的开心，使她如愿得到了“男同胞”的鼎力相助。

（4）坦率真诚，拉近听众距离。

俗话说，文人相轻。在这种场合，如果一味陈述自己的能力和实绩，给人感觉好像在矜功伐善，效果往往适得其反。顾老师注意到了这一点，她无意表功，而是低调开场，只想和全体同仁“说几句心里话”。“响中比我能干的人很多”一句，坦率承认台下还有很多能力超过自己的老师，“有机会站到主席台上”，只是因为自己很幸运，因而感到“非常紧张”。在全校 500 多名教师中，优秀教师很多，能够进入前 30 名的候选名单，除了能力和实绩外，的确存在机遇的因素。演讲结束时，顾老师不是召唤大家“投我一票”，而是用“顾红梅让大家费心了”一句，真诚地表达了自己对台下老师的期待与感激。从始至终，顾老师丝毫没有高高在上的气势，总是把自己放在很低的位置，谦虚中饱含着对台下老师的尊重。这样就拉近了与广大老师的距离，赢得了普遍好感。

（引自《秘书之友》，作者：曹为军）

附录：丁文山有声语言作品

扫码听音频

百年青春　当“燃”有我

信念
是黑暗中青春燃起的希望
奉献
是荒漠中青春绽放的鲜花
创造
是空谷中青春奏响的乐章
奇迹
是时代中青春谱写的故事
我们创造时代
而时代使我们成为自己
每一个改变时代的身影
都将成为携带本身
每一份青春
都将燃烧出属于自己的色彩
百年青春
当然有我
5 月 4 日晚 7:30，五四青年节特别节目

大地是信纸

大地是信纸
我们是收信人
信中有山河万里
信的是家国相依

枝叶关情
心心相印
纸短情长
念念不忘
迎接中国共产党第二十次全国代表大会胜利召开
湖南卫视特别节目《总书记来信》

大山大川　是青春信纸

大山大川
是青春信纸
大江大海
是梦想的笔触
立青春之约
立山海之志
心有所信
方能致远
湖南卫视五四特别节目《给青年的信》

端午思贤　云游潇湘

也许你还没有到过湖南
但在屈原的诗词里
你已经和他成百上千次地邂逅
端午思贤
跟着《楚辞》
寻迹屈原
云游潇湘

建军 97 周年　这是奋进的刻度

97
是时间的标尺
也是奋斗的刻度
沿着时光的轨迹
人民军队的树干

画下了第九十七圈年轮
守护这片土地和生活在这片土地上的人民
时光的流水
早已将老人们的许多回忆冲成碎片
可当年的战火硝烟
他们一刻也不曾忘记
97 年奋进赓续
新时代的“90 后”“00 后”
继续汇聚成人民军队不可战胜的力量
他们在站位上向祖国报告
强军有我
祖国放心
中国人民解放军
是一支敢碰硬敢亮剑的军队
历史让这一代军人
站到了人民军队如期实现建军一百年奋斗目标
加快把人民军队建成世界一流军队的关键节点
让我们守望并践行梦想
一起收获灿烂的未来

今夜我们相聚在此

今夜我们相聚在此
为了电影
也为了电影人走过的这三年
为了艰难时刻的相信
为了至死的热爱和低头努力的勇敢
为了街头普通人的故事
为了故事里的爱与担当
为了流泪
为了和解
为了一个普通的夜晚有光
为了不止长沙
每一座城市夜晚有光

我们致敬电影
致敬生活
致敬不易
致敬前行
电影不息
生活万岁

循音共鸣　回响于心

世界是个回音谷
我们大声歌唱
把土地上生长的旋律
以最真挚的方式
音传千里
声声回响
不同的语言
把民族的唱成世界的
相同的期待
让传统恒久璀璨
首档民族音乐交流节目
用柔和的音乐向世界高歌
循音共鸣
回响于心
8 月 9 日起每周五晚 8 点现场直播
《乐在其中》音乐盛典

你好　星期六

一声心跳
何以成生命
一个机会
何以成起点
一次笃定
何以称人生
跟着心走就会有方向

去写下开篇
去触摸热爱
去感受前所未有
去行动自由
去勇往直前
去无止境地探索
去收获你的收获
如果迎接需要仪式感
请重新开始说一声
你好
1 月 1 日起，每周六晚 8:10，vivo
你好　星期六

沈从文与湘西

你见过什么样的湘西
是山峦叠嶂的连绵绿波
是翠翠留守等待的吊脚楼
还是母亲背篓里的一方天地
绵绵江水
浸润着边城赤子的精神原乡
枕山听涛
飘荡着田园牧歌的原真野性
岁月不居
斗转星移
5 月 29 日至 6 月 1 日晚 7:30
和我们一起遨游沈从文笔下的湘西世界
沈从文与湘西

时间向前　我们向上

我们都在奔跑
每一秒
不论身在何处
身处何境

用速度告诉时间
我们不会被落下
在山川湖海
在大地和城市
在天空
在执着的汗水里
在勇敢的摆臂中
在坚定地跨越时
从来没有想过
我们在奔跑

没有人不需要奔跑
冲向终点的人
最有执着的人
踏上起点的人
时间向前
我们向上

信仰的力量

扫码听音频

我们是谁
我们在枪林弹雨下成长
为了存国救民
我们在云谲风诡中呼唤
为了信仰之火
那些振奋寰宇的稿件
那些永不消逝的电波
都是信仰火苗下的蜡托
一份份　一个个　一段段
刺穿了至暗的夜空
照亮了奔涌的时代
与祖国同辉
与人民共舞
我们是中国广电人

我们站立于时代的潮头
编写 14 亿人民的集体记忆成册
见证共和国的崛起与荣光
描摹波澜壮阔的中国故事
传递掷地有声的中国声音

我们从历史中走来
在信仰下接棒
从纸到端
到媒体融合
无论媒介如何改变
无论岗位如何改变
广电人的底色不会变

新时代
我们始终信仰如炬
我们将俯身大地
保持人民情怀
我们会仰望苍穹
记录伟大时代
矢志不渝追随党的信仰
眼里有光
脚下有泥
心上这份信仰的力量
将带领我们一遍遍擦亮“中国红”的坚定底色

有一种奇迹叫中国姑娘

有一种奇迹
叫中国姑娘
没有天生的聚光灯
只有拼出来的冠军
中国姑娘
你就是奇迹

择一事　终一生

这是一双普通的手
没有主角光环
不带传奇色彩
单凭一身手艺
勤勤恳恳　一往无前
但这也是一双不普通的手
当他们齐心协力
就能迸发闪耀
它让我们看见浩瀚宇宙中的奇迹
听见海洋深处的秘密
点亮天南海北的每一寸土地
以颗颗匠心
铸造不可限量的中国力量
9 月 8 日晚 7:35
匠心闪耀
2022 致敬大国工匠特别节目

这十年　追光者

时代问
他们是谁
他们渺小却无畏
勇敢又热忱
他们历经岁月
步履不停
他们永葆初心
生生不息
他们不以山海为远
不以冬夏为长
他们用拼出来的可能
回敬所有的不可能
他们有个共同的名字
追光者

不用问他们是谁
因为每个时代的追光者
终将成为时代本身
这十年 追光者
致敬十年 追光前行

致敬十年 追光前行

这十年
总有一道光
照耀在 960 万平方公里的大地上
理想的光
映照着不变的初心
奋斗的光
点亮着闪耀的青春
希望的光
跃动着无尽的未来
致敬十年 追光前行
10 月 14 日晚 8:10
这十年 追光之夜

中国

历史长河中
中华文明始终屹立
时代精神的火花
生生不息
岁月延绵
山河远阔
悠久文明从未断流
铭刻在记忆深处的文明灯火
洗涤并照亮未来
2 月 28 日起
每周一至周四晚 7:30
纪录片《中国》第二季

中国之美

中国有多美
盛唐的诗
大宋的画
元朝的曲
解密东方美学的兴起
激活一个民族的记忆
中国的美在中国
2 月 28 日
每周一至周四晚 7:30
纪录片《中国》第二季由“金典”经典献映

让廉洁蔚然成风

花好　月好　人好
良辰美景
佳节正好
风正　风清　风雅
好风景
当有好风气
守底线　严律己
让廉洁蔚然成风

最忆韶山冲

走进伟人故里
传唱红色经典
张艺谋导演作品
《最忆韶山冲》
12 月 25 日
韶山红五星剧场
倾情巨献

向美好出发

新时代　新气象　新作为
快乐中国
向美好出发

奋斗吧！青春

扫码听音频

学会一个新本领
需要 1 万个小时
而你
努力了多久
2 万小时
3 万小时
甚至更多
你不是别人
你的名字
你的热爱
你的渴望
无人取代
丢掉零
丢掉辛苦
丢掉摔跤
丢掉怯场
丢掉失败
丢掉一切包袱
如果人生一定要前进
如果你一定要有武器
那就
一手青春
一手奋斗
该上场就上场

天天向上

生活的富足
才让我们有了
享受夜晚的余裕
每一个简单的小幸福
都是前人不懈奋斗的结果
一片丹心
功业如星
今夜的天空
因他而明
我们曾有幸与之相遇
在人间
我们会永远记得
那个想让所有人远离饥饿的
中华拓荒人
希望天堂
满满都是稻花香
爷爷放心
我们不会忘记
好好吃饭
天天向上

我心飞翔

我心飞翔　白沙集团

千载经典　盛世汉酱

51°　绵柔酱香
千载经典　盛世汉酱
贵州茅台酒股份有限公司出品

真心从未改变

这是一个由繁华影像来定义岁月的时代

就像一千年前
人们通过诗歌定义了大唐
五百年前
人们通过莎士比亚定义了大不列颠
历史走到今天
电视已在不知不觉中
享受了大半个世纪的绝代风华
互联网的到来
风口似乎发生了转向
电视还是不是中国这个时代第一文艺样式
曾经独领风骚的七十五万电视从业者
时不时地要卷入这样的疑问
必须承认
电视有必要来一次自觉的理性的告别
告别那曾经的万千宠爱
告别那不曾怀疑的风卷残云
告别那难以入眠的万人空巷
或许铅华洗净之后
电视的下次出发
会更厚实
更精妙
更雍容华贵
勇敢地告别
是一种更动人的自信
挥手昨日
是源于我们不变的初心
因为
百姓在　远方在　使命在
电视人得以自信的根基或许就握在我们的手上
我们拥有着视频生产最优质的存量
而未来这些存量怎样激活
才是比竞赛更迫切的课题
我们拥有中国家庭最温馨的文化客厅

这是一方值得我们电视人穷尽所有为之奋斗的阵地
我们拥有挣脱旧的束缚
嫁接新的优势
实现从量变到质变的源源不竭的动力
第一文艺样式
不是我们应当背上的包袱
而是未来我们自我突破的动力
不忘初心
映照现实
创新未来
我们才能和这个时代一起
分享它美丽的芬芳　当每一个夜晚来临
我们知道
电视又开始了一次温暖陪伴
新的东西不断出现
当每一个家庭的灯光亮起
真心一直不曾改变

中国电视人

（同期声）习近平：中国特色社会主义文化，是激励全党全国各族人民奋勇前进的强大精神力量。没有高度的文化自信，没有文化的繁荣兴盛，就没有中华民族伟大复兴。

中国电视事业
是社会主义文化
是党的新闻舆论工作的重要组成部分
砥砺奋进一甲子
不忘初心再出发
新时代的使命与担当
激励中国电视人
续写新的荣光和梦想
1958 年 5 月 1 日 19 时整
北京城的上空中

出现了中国电视节目的第一缕信号
从此中国人与电视相遇了
45 天之后
中国有了第一部电视剧
四个月之后
有了第一声电视播音
此后有了第一次直播足球世界杯
也有了第一台春节晚会
从全国仅有三十多台黑白电视机
到拥有 3 亿台电视机
覆盖超过 99% 的人口
从发射半径只有 25 公里
到全球同步传播
从老百姓晚饭后的娱乐
到深入影响人民生活的方方面面
一如汉赋、唐诗、宋词、元曲、明清的小说
电视毫无疑问地
成为当今最主流的艺术形态
中国电视 60 年
一个个重大时刻铭记于历史
一幕幕经典定格为永恒
从万人空巷的巅峰景象
到每个人的记忆深处
这里有沉淀在岁月长河中最生动的年代表情和集体回忆
时代是最伟大的编剧
改革开放后的 40 年
是中国电视正式起步发展并不断繁荣的 40 年
与时代同前行
与人民同呼吸
做伟大时代的记录者、讴歌者、建设者
高原之上攀登高峰
在精彩的光影世界里
中国电视人

始终与党和国家同心同德
同向而行
始终植根人民、服务人民
始终引领时代风气之先
始终担当历史责任和社会责任
今天的中国电视
正以更大的自觉担当创造丰富的精神食粮
满足人民对美好生活的向往
举旗帜、聚民心、育新人、兴文化、展形象
今天的中国电视人
正以坚定者、奋进者、搏击者的姿态一往无前
不负繁荣中华文化的梦想
不负人民的期待
不负伟大的时代

致敬中国军人

当兵这些年
这个字我喊了几万遍
到白天
到黑夜
到水里
到火里
到前线
到后方
到边疆
到戈壁
到海上
到蓝天
到每一个关键时刻
到每一个被召唤的地方
从第一天到一生一世
为人民到永远
致敬每一位现役退役的中国军人

图书在版编目（CIP）数据

普通话有声语言训练教程/丁文山主编. -- 北京：中国人民大学出版社，2025. 7. -- ISBN 978-7-300-33718-0

I. H193.2

中国国家版本馆CIP数据核字第2025DS6123号

普通话有声语言训练教程

丁文山　主编

Putonghua Yousheng Yuyan Xunlian Jiaocheng

出版发行	中国人民大学出版社		
社　　址	北京中关村大街31号	**邮政编码**	100080
电　　话	010-62511242（总编室）		010-62511770（质管部）
	010-82501766（邮购部）		010-62514148（门市部）
	010-62511173（发行公司）		010-62515275（盗版举报）
网　　址	http://www.crup.com.cn		
经　　销	新华书店		
印　　刷	中煤（北京）印务有限公司		
开　　本	720mm×1000mm　1/16	**版　　次**	2025 年 7 月第 1 版
印　　张	17.5 插页 1	**印　　次**	2025 年 7 月第 1 次印刷
字　　数	284 000	**定　　价**	69.00 元